LES
PRATIQUES
DU BAC

Le commentaire en français

séries générales
séries technologiques

Catherine Raucy
agrégée de lettres modernes

Aline Geyssant
agrégée de lettres modernes

Isabelle Lasfargue-Galvez
agrégée de grammaire

Sommaire

PREMIÈRE PARTIE

Méthodologie du commentaire

 ISSN 0750-2516 ISBN 978-2-218-93192-5

DEUXIÈME PARTIE

Sujets traités par objet d'étude

Présentation de l'épreuve

DÉFINITION

Pour toutes les séries, l'épreuve écrite du baccalauréat de français se présente comme suit :

> Les sujets prennent appui sur un ensemble de textes (corpus), comprenant éventuellement un document iconographique contribuant à la compréhension ou enrichissant la signification de l'ensemble. Ce corpus peut également consister en une œuvre intégrale brève ou un extrait long (n'excédant pas trois pages). Il doit s'inscrire dans le cadre d'un ou de plusieurs objets d'étude du programme de première, imposés dans la série du candidat, et ne doit pas réclamer un temps de lecture trop long.
> Une ou deux questions portant sur le corpus et appelant des réponses rédigées peuvent être proposées aux candidats. Elles font appel à leurs compétences de lecture et les invitent à établir des relations entre les différents documents et à en proposer des interprétations.
> Ces questions peuvent être conçues de façon à aider les candidats à élaborer l'autre partie de l'épreuve écrite, la partie principale consacrée à un travail d'écriture. Lorsque de telles questions sont proposées, le barème de notation est explicitement indiqué, le nombre de points attribué aux questions n'excède pas 4 points dans les sujets des séries générales et 6 points dans les sujets des séries technologiques.BO n° 46 du 14 décembre 2006.
>
> BO n° 46 du 14 décembre 2006.

À la lecture de cette première partie des instructions officielles une première remarque s'impose : l'épreuve écrite de français s'appuie sur des textes ; elle repose sur des données concrètes qui seront le point de départ de toute réflexion et de toute analyse. L'exercice est d'abord une façon de vérifier des « compétences de lecture » et de compréhension du candidat. Il faudra donc, dans un premier temps, impérativement bien lire et examiner tous les documents du corpus pour deux raisons essentielles : d'abord parce que l'épreuve comprendra une ou deux questions d'observation et de compréhension sur l'ensemble du corpus. Ces questions ont pour but d'aider d'emblée le candidat à la bonne utilisation de ces textes et documents ; ensuite parce que, quel que soit le travail d'écriture qui sera choisi par le candidat, celui-ci aura intérêt à nourrir son travail et sa réflexion avec les données du corpus qui sera conçu de façon à « aider les candidats à élaborer l'autre partie de l'épreuve écrite ».

> Qu'il soit ou non accompagné de questions, le sujet offre le choix entre trois types de travaux d'écriture, liés à la totalité ou à une partie des textes étudiés : un commentaire ou une dissertation ou une écriture d'invention. Cette production écrite est notée au minimum sur 16 points pour les sujets des séries générales et sur 14 points pour les sujets des séries technologiques quand elle est précédée de questions, sur 20 dans toutes les séries quand il n'y a pas de questions.
> Le commentaire porte sur un texte littéraire. Il peut être également proposé de comparer deux textes. En séries générales, le candidat compose un devoir qui présente de manière organisée ce qu'il a retenu de sa lecture, et justifie son interprétation et ses jugements personnels. En séries technologiques, le sujet est formulé de manière à guider le candidat dans son travail.
>
> BO n° 46 du 14 décembre 2006.

Après avoir répondu aux questions, le candidat devra faire un choix entre trois types d'exercices d'écriture. Le commentaire est l'un de ces exercices.

Le commentaire portant sur un texte littéraire, le texte à étudier fera obligatoirement partie du corpus général : un texte parmi les trois ou quatre textes proposés, une partie du texte long qui pourrait constituer à lui seul tout le corpus, ou encore deux textes du corpus à comparer. Ce texte, cette partie de texte ou ces deux textes seront nécessairement imposés, clairement, au candidat. Ce dernier n'est en aucune manière libre de choisir quel texte du corpus il pourrait commenter. Il est nécessaire de bien lire les consignes et de voir quel texte il faut commenter.

Par définition littéraire, le texte aura des qualités littéraires que le candidat sera chargé de dégager. L'étude des genres, des registres et du style sont les catégories de pensée essentielles pour prendre en compte ces qualités au moyen de notions précises. Il ne faudra pas cependant tomber dans des analyses trop techniques qui perdront de vue le sens et la portée du texte. Un texte littéraire est un art d'écrire, mais c'est aussi un moyen d'expression.

LE BUT ET LES ENJEUX DU COMMENTAIRE

Le commentaire est un exercice d'analyse et d'argumentation. Il énonce des caractéristiques du texte et les prouve, par des références précises et des citations. Commenter c'est émettre un jugement critique de façon pertinente et argumentée. Ce jugement repose sur une parfaite compréhension du texte et de ses enjeux. Le texte à étudier doit être respecté et donc analysé méthodiquement et objectivement avant de pouvoir passer à tout jugement personnel.Pour pouvoir apprécier un texte à sa juste valeur, il faut bien en avoir dégagé toutes les caractéristiques et tous les intérêts. Les instructions officielles laissent au candidat la possibilité d'exprimer une part de réaction personnelle (intérêt, émotion), mais elle ne doit pas être gratuite et superficielle ; elle doit reposer d'abord sur une bonne intelligence (ou analyse) du texte.

LES FORMES DU COMMENTAIRE

Dans les séries générales

« En séries générales, le candidat compose un devoir qui présente de manière organisée ce qu'il a retenu de sa lecture. » La formulation employée dans les instructions officielles énonce bien, à deux reprises par le verbe « composer » et par l'adjectif « organisée », que la forme du devoir devra être synthétique et qu'il sera indispensable au candidat d'élaborer un plan de son travail avant toute rédaction de ses analyses et commentaires. Durant l'épreuve, il faudra passer par des idées, élaboration d'un plan, rédaction. La lecture analytique du texte, rendant compte de ses caractéristiques et de ses enjeux, sera la première phase du commentaire, une phase de recherche. Ensuite, le candidat devra présenter de façon organisée et pertinente ses analyses et jugements. Élaborer un plan est donc indispensable.

Dans les séries technologiques

« En séries technologiques, le sujet est formulé de manière à guider le candidat dans son travail. » Comme pour les séries générales, le commentaire, dans les séries technologiques, ne devra pas être constitué de remarques éparpillées. Pour atteindre cet objectif, le candidat sera donc guidé par deux ou trois questions qui donneront un cadre précis à son travail. Il lui faudra répondre de façon rédigée, argumentée, pertinente et approfondie aux questions posées. Les enjeux de ce commentaire encadré sont bien les mêmes que celui des séries générales. Il s'agira de rendre compte, à l'intérieur du cadre proposé, des qualités et des intérêts du texte à commenter.

LE COMMENTAIRE ET LES OBJETS D'ÉTUDE

L'ensemble du corpus composant l'épreuve de français sera associé à un ou plusieurs objets d'étude du programme de la classe de première. Le candidat devra donc être attentif à cette indication qui devrait précéder le corpus : « Objets d'étude : La poésie – L'argumentation : convaincre, persuader et délibérer », par exemple. Il lui faudra donc réinvestir ce qu'il aura appris durant l'année avec son professeur sur les objets d'étude concernés. Un bon commentaire repose sur un certain nombre de connaissances et de compétences que le candidat devra avoir acquises pendant l'année. De plus l'indication du ou des objets d'étude devra orienter la phase de recherche du commentaire. L'objet d'étude concernant le théâtre, intitulé « Le théâtre : texte et représentation », par exemple, spécifie que le texte théâtral doit être étudié en rapport avec la représentation scénique. Le candidat devra donc tenir compte de cette dimension dans son commentaire. Si, pour reprendre l'exemple ci-dessous, l'objet d'étude est double, « La poésie » et « L'argumentation : convaincre, persuader et délibérer », il existe de fortes chances pour que le texte poétique à étudier ait une dimension argumentative, qu'à côté de la démarche proprement poétique, le poète exprime une opinion ou délivre un message.

LE COMMENTAIRE ET LES AUTRES TRAVAUX D'ÉCRITURE

Le choix de l'exercice doit se fonder sur ce que le candidat a à exprimer sur les sujets proposés et non sur la forme du texte à rédiger. Il n'y a pas d'exercices plus faciles ou plus « payants » que d'autres. Les trois sujets reposent sur des connaissances acquises dans l'année. Ce sont ces connaissances et les compétences qui en découlent qu'il sera nécessaire de mobiliser. Il faudra choisir sans idée préconçue, mais seulement après avoir lu le corpus et l'ensemble des sujets proposés. Le choix du commentaire reposera avant tout sur une bonne compréhension du texte.

PREMIÈRE PARTIE

Méthodologie du commentaire

séries générales
séries technologiques

1 Le commentaire en séries générales

Selon les instructions officielles, le commentaire « présente de façon organisée ce que l'élève a retenu de sa lecture », et il doit également justifier l'interprétation proposée.

En séries générales, il s'agit donc de présenter une étude du texte qui soit suffisamment approfondie et argumentée, et ce, suivant un plan qui aura été élaboré à partir d'une observation préalable du texte.

Il n'existe pas de « plan standard » qui serait utilisable pour tout type de texte : chaque texte à commenter requiert donc un plan original, qui lui soit spécifiquement adapté.

Nous allons détailler la méthode à employer pour préparer et rédiger le commentaire. Afin d'illustrer notre démarche, nous nous appuierons sur l'exemple ci-dessous.

MÉTHODOLOGIE

SUJET 1

Objet d'étude : La poésie

TEXTES

A — Pierre de Ronsard, extrait de « Stances », « Sur la mort de Marie », *Second Livre des Amours* (1560), seconde partie, CV, orthographe modernisée.
B — Robert Desnos, « Non l'amour n'est pas mort », *Corps et Biens*, (1930), © Éditions Gallimard.
C — Paul Éluard (1895 - 1952), « Ma morte vivante », *Le Temps déborde* (1947), © Éditions Seghers.

Texte A

Pierre de Ronsard (1524-1585), extrait de « Stances », « Sur la mort de Marie », *Second Livre des Amours* (1560).

[Dans le Second Livre des Amours, Ronsard célèbre deux femmes disparues prématurément : Marie, jeune paysanne qu'il a rencontrée en 1554 et pour qui il a éprouvé un grand amour, et Marie de Clèves, la jeune maîtresse du roi Henri III.]

Stances

[…] En ton âge le plus gaillard
Tu as seul laissé ton Ronsard,
Dans le ciel trop tôt retournée,
Perdant beauté, grâce, et couleur,
Tout ainsi qu'une belle fleur
Qui ne vit qu'une matinée.

En mourant tu m'as su fermer
Si bien tout argument d'aimer,
Et toute nouvelle entreprise,
Que rien à mon gré je ne vois,
Et tout cela qui n'est pas toi,
Me déplaît, et je le méprise.

Si tu veux, Amour, que je sois
Encore un coup dessous tes lois,
M'ordonnant un nouveau service,
Il te faut sous la terre aller
Flatter Pluton, et rappeler
En lumière mon Eurydice :

Ou bien va-t'en là-haut crier
À la Nature et la prier
D'en faire une aussi admirable
Mais j'ai grand'peur qu'elle rompit
Le moule, alors qu'elle la fit,
Pour n'en tracer plus de semblable,

Refais-moi voir deux yeux pareils
Aux siens, qui m'étaient deux soleils,
Et m'ardaient[1] d'une flamme extrême,
Où tu soulais tendre tes lacs[2],
Tes hameçons et tes appats,
Où s'engluait la raison même.

Rends-moi ce voir et cet ouïr :
De ce parler fais-moi jouir,
Si douteux à rendre réponse.
Rends-moi l'objet de mes ennuis
Si faire cela tu ne puis
Va-t'en ailleurs, je te renonce.

À la Mort j'aurai mon recours :
La Mort me sera mon secours,
Comme le but que je désire.
Dessus la Mort tu ne peux rien,
Puisqu'elle a dérobé ton bien,
Qui fut l'honneur de ton empire.

Soit que tu vives près de Dieu,
Ou aux Champs-Élysées, adieu,
Adieu cent fois, adieu Marie :
Jamais Ronsard ne t'oubliera,
Jamais la Mort ne déliera
Le nœud dont ta beauté me lie.

---

1. *M'ardaient* : me brûlaient
2. *Où tu soulais tendre tes lacs* : où tu avais coutume de tendre tes lacets, tes pièges.

Texte B

Robert Desnos (1900-1945), « Non l'amour n'est pas mort », *Corps et Biens* (1930), © éditions Gallimard.

Non l'amour n'est pas mort

Non l'amour n'est pas mort en ce cœur et ces yeux et cette bouche qui proclamait ses funérailles commencées.
Écoutez, j'en ai assez du pittoresque et des couleurs et du charme.
J'aime l'amour, sa tendresse et sa cruauté.
Mon amour n'a qu'un seul nom, qu'une seule forme.
Tout passe. Des bouches se collent à cette bouche.
Mon amour n'a qu'un nom, qu'une forme.
Et si quelque jour tu t'en souviens
Ô toi, forme et nom de mon amour,
Un jour sur la mer entre l'Amérique et l'Europe,
À l'heure où le rayon final du soleil se réverbère sur la surface ondulée des vagues, ou bien une nuit d'orage sous un arbre dans la campagne, ou dans une rapide automobile,
Un matin de printemps boulevard Malesherbes,
Un jour de pluie,
À l'aube avant de te coucher,
Dis-toi, je l'ordonne à ton fantôme familier, que je fus seul à t'aimer davantage et qu'il est dommage que tu ne l'aies pas connu.
Dis-toi qu'il ne faut pas regretter les choses : Ronsard avant moi et Baudelaire ont chanté le regret des vieilles et des mortes qui méprisèrent le plus pur amour.
Toi quand tu seras morte
Tu seras belle et toujours désirable.
Je serai mort déjà, enclos tout entier en ton corps immortel, en ton image étonnante présente à jamais parmi les merveilles perpétuelles de la vie et de l'éternité, mais si je vis

Ta voix et son accent, ton regard et ses rayons,
L'odeur de toi et celle de tes cheveux et beaucoup d'autres choses encore vivront en moi,
En moi qui ne suis ni Ronsard ni Baudelaire,
Moi qui suis Robert Desnos et qui pour t'avoir connue et aimée,
Les vaux bien ;
Moi qui suis Robert Desnos, pour t'aimer
Et qui ne veux pas attacher d'autre réputation à ma mémoire sur la terre méprisable.

Texte C

Paul Éluard (1895-1952), « Ma morte vivante », *Le Temps déborde* (1947), Seghers.

[Ce poème fut écrit par Paul Eluard quelques jours après la mort subite de sa jeune femme, Nusch.]

Ma morte vivante

Dans mon chagrin rien n'est en mouvement
J'attends personne ne viendra
Ni de jour ni de nuit
Ni jamais plus de ce qui fut moi-même

Mes yeux se sont séparés de tes yeux
Ils perdent leur confiance ils perdent leur lumière
Ma bouche s'est séparée de ta bouche
Ma bouche s'est séparée du plaisir
Et du sens de l'amour et du sens de la vie
Mes mains se sont séparées de tes mains
Mes mains laissent tout échapper
Mes pieds se sont séparés de tes pieds
Ils n'avanceront plus il n'y a plus de routes
Ils ne connaîtront plus mon poids ni le repos
Il m'est donné de voir ma vie finir

Avec la tienne
Ma vie en ton pouvoir
Que j'ai crue infinie

Et l'avenir mon seul espoir c'est mon tombeau
Pareil au tien cerné d'un monde indifférent

J'étais si près de toi que j'ai froid près des autres.

ÉCRITURE

I. Vous répondrez d'abord à la question suivante (4 points).

Quel est le thème de chacun de ces textes ? En quoi relèvent-ils tous de la poésie lyrique ?

II. Vous traiterez ensuite l'un des sujets suivants (16 points).

Commentaire

Vous commenterez le poème de Paul Eluard (texte C).

Dissertation

[...]
Ta voix et son accent, ton regard et ses rayons,
L'odeur de toi et celle de tes cheveux et beaucoup d'autres choses encore vivront en moi,
En moi qui ne suis ni Ronsard ni Baudelaire,
Moi qui suis Robert Desnos et qui pour t'avoir connue et aimée,
Les vaux bien ;
Moi qui suis Robert Desnos, pour t'aimer
Et qui ne veux pas attacher d'autre réputation à ma mémoire sur la terre méprisable.

Robert Desnos, « Non l'amour n'est pas mort » (texte B)

L'expression d'une expérience personnelle est-elle, selon vous, ce qui donne sa valeur à la création poétique ?

Vous répondrez à cette question en un développement composé, en vous appuyant sur les textes du corpus, sur les textes que vous avez étudiés en classe et sur vos lectures personnelles.

Écriture d'invention

Pour célébrer l'ouverture du Printemps des poètes, un orateur défend dans un discours l'idée que la poésie peut s'exprimer par les moyens les plus simples, par le langage ordinaire, qu'elle n'a pas nécessairement besoin du langage poétique traditionnel.

PRÉPARER LE COMMENTAIRE

LIRE ATTENTIVEMENT LE PARATEXTE ET LE TEXTE

Avant de commencer l'étude du texte, il est recommandé à l'élève de lire attentivement le paratexte (titre de l'œuvre dont le texte est extrait, auteur, dates indiquées, chapeau explicatif) et d'effectuer une première lecture du texte qui permettra d'en comprendre le sens général et de répondre à une série de questions préliminaires.

POSER LES QUESTIONS PRÉLIMINAIRES

Sur le paratexte

Selon les informations données par le paratexte, l'élève devra se poser une série de questions afin de situer le texte dans son contexte :
- Quel est le nom de l'auteur ?
- Quelles sont ses dates ? À quelle époque appartient-t-il ?
- À quel moment le texte a-t-il été écrit ? publié ?
- Dans quel contexte historique, culturel et littéraire s'inscrit l'œuvre ?
- Se rattache-t-elle à un mouvement littéraire ?

Les dates de naissance et de mort de l'auteur, Paul Éluard, indiquent qu'il a vécu pendant l'entre-deux-guerres, période marquée par la création du mouvement surréaliste. Le poème est d'ailleurs rédigé en vers libres, forme que les poètes appartenant à ce mouvement ont fréquemment adoptée. Parfois inspirée par les procédés de l'écriture automatique, la poésie surréaliste présente souvent une syntaxe libre et des associations d'images surprenantes. La date de publication du recueil (1947), nous indique cependant que ce poème est postérieur à la période où les surréalistes s'essayaient à ces expériences de création poétique. Le chapeau précise les circonstances dans lesquelles ce poème a été écrit : il s'agit donc d'un poème du deuil, où le poète évoque la mort de son épouse, récemment disparue, et la façon dont il vit cette séparation.

Sur le texte

La première lecture du texte devra permettre à l'élève de déterminer le genre de l'œuvre, le registre auquel il se rattache, et de définir son lien avec l'objet d'étude :

– À quel genre appartient le texte ? à quel sous-genre ? à quelle forme ?
– Quel est le registre dominant ?
– Quel est le thème dominant ?
– Quel est le lien du texte avec le ou les objets d'étude ?

Le texte relève du genre poétique. Il s'agit d'un poème en vers libres présentant, grâce aux « blancs » que ménage la mise en page, plusieurs « strophes » de longueur inégale.

Après une première lecture, il apparaît clairement que le texte relève du registre lyrique, comme le montrent les nombreuses occurrences de la première personne. Le thème central du poème est celui du deuil, de la séparation, ce qui permet de le rattacher également au registre pathétique.

Comme le précisent l'énoncé du sujet et la question préalable, l'élève devra étudier le texte en fonction de l'objet d'étude : la poésie, et il devra plus précisément examiner sa dimension lyrique. Il examinera donc la manière dont le travail effectué sur le langage met en valeur les significations du texte et parvient à communiquer au lecteur l'état d'âme du poète.

Ces remarques préliminaires vont permettre à l'élève de dégager certaines pistes d'analyse. Elles doivent néanmoins rester circonspectes, de peur d'orienter prématurément l'observation de détail, et de nuire au développement ultérieur de l'interprétation.

FAIRE AU BROUILLON UNE LECTURE ANALYTIQUE DU TEXTE

La lecture analytique, qui « a pour but la construction détaillée de la signification d'un texte », est plutôt un exercice destiné à l'oral. Mais il peut être utile de recourir à une démarche similaire pour préparer le commentaire.

L'élève commence par effectuer au brouillon, sous forme de notes, une étude linéaire visant à repérer tous les éléments intéressants, significatifs, qu'il s'agisse de remarques d'ordre thématique ou de remarques portant sur les procédés de l'écriture littéraire. Puis, il rassemble et classe ces éléments de façon à dégager des pistes d'interprétation.

L'étude ligne par ligne est intéressante pour préparer le commentaire d'un texte court, et plus particulièrement d'un poème où chaque terme, chaque jeu sur les sonorités ou sur le rythme peut être porteur de sens. Mais quand il s'agit d'étudier un texte plus long et moins dense, comme une scène de théâtre ou un extrait de roman, elle peut avoir le défaut de trop éparpiller les remarques. Il vaut mieux alors travailler sur des unités de sens plus larges (une phrase entière, une strophe, une réplique, un paragraphe dans son ensemble) : l'important n'est pas tant de repérer tel ou tel procédé, telle ou telle figure de rhétorique, mais de mettre en évidence les éléments précis sur lesquels pourront s'appuyer les différents points de l'interprétation.

Titre

Oxymore évoquant à la fois la mort de la femme aimée et sa survie dans le souvenir.

Vers 1 à 4

– forte présence du « je » qui constitue un indice du registre lyrique ;
– fréquence des tournures négatives (« rien n'est en mouvement », « personne ne viendra », « Ni de jour ni de nuit ») ;
– jeu des temps, souvenir du passé : passé simple (v. 4)/présent « en attente » (v. 2)/futur sous l'emprise de la négation (v. 2) ;

– absence de mouvement, de présence extérieure, qui laisse supposer une solitude radicale ;
– diminution progressive de la longueur des vers (v. 1-3), ce qui crée une impression de resserrement, d'enfermement ;
– allitérations en m et n et assonances en an et in (« Dans mon chagrin rien n'est en mouvement ») ; ces sonorités répétitives donnent une impression de monotonie ;
– multiplication des termes négatifs (« Ni jamais plus de ce qui fut moi-même », v. 4) : on relève une allusion à la femme aimée (le pronom neutre peut évoquer le corps inanimé auquel la mort l'a réduite), et à l'union qui existait entre elle et le poète ;
– jeu de sonorités (v. 4) : assonances en é et u et allitération en m réparties en chiasme, ce qui donne une impression d'enfermement.

Vers 5 à 14

– parallélisme des constructions, répétition du verbe « se séparer » (5 occurrences) : ces figures rhétoriques marquent l'insistance ;
– emploi du passé composé qui marque un fait révolu, définitif (v. 5, 7, 8, 10, 12) ; emploi du présent et du futur pour souligner les conséquences de la séparation (v. 6, 11, 13, 14) ;
– cette séparation annule l'union amoureuse : références aux parties du corps, à différents sens (vue, goût, toucher), association des adjectifs possessifs de la 1re et de la 2e personne du singulier ;
– séparation d'avec tous les aspects positifs de la vie et du monde (lumière, sens de la vie), perte d'une possibilité d'action (tenir dans ses mains, avancer) ;
– cette union, une fois annulée, laisse place à un « je » solitaire et dépossédé : adjectifs possessifs de la 1re personne en tête de vers le « je » est toujours sujet des verbes et le « tu » est réduit à la fonction de complément d'objet indirect : ainsi, le « je » apparaît comme le seul survivant ;
– progression vers un sentiment de néant, renforcé par l'allitération en p des vers 12 à 14, ce qui crée une impression de martèlement pesant.

Vers 15 à 18

– l'emploi du verbe « croire » et de l'antithèse « finir »/« infinie » semble indiquer la dissipation d'une illusion (v. 15 et 18) ;
– une issue possible : union dans la mort (lexique positif, lien entre le « je » et le « tu » signifié par le jeu des possessifs) ;
– cependant, le choix de vers courts (v. 16, 17, 18), qui séparent le « je » et le « tu », s'oppose à cette possibilité d'union ; la forme en vers libres permet ici des choix porteurs de sens ;
– reconnaissance du pouvoir bienfaisant qui était celui de la femme aimée (v. 17-18) ;
– opposition entre les termes positifs et négatifs (« avenir », « espoir »/«tombeau », v. 19-20) ;
– perte du goût de vivre, de la foi en l'avenir ;
– évocation d'une union dans la mort avec la femme aimée ;
– dénonciation de l'indifférence du monde (v. 20) à la mort de Nusch ? à la douleur du poète ?
– séparation du « je » et du « tu » par la mesure des vers (v. 15-16) ;
– jeu d'oppositions qui associe à la disparue une impression de réconfort (temps du passé), v. 21/présence décevante du monde et des autres (au présent) ;
– sensations physiques traduisant un état affectif ;
– comparaison soulignée par la répétition de « près de » et par l'écho des sonorités : assonances en è et oi, allitération en r (« j'ai froid près des autres », v. 21) : les deux situations sont apparemment semblables (présence, proximité), mais les sensations sont radicalement différentes.

DÉGAGER DES PISTES D'ANALYSE

La première étape du travail a permis à l'élève de recenser tous les éléments essentiels, et de poser les bases d'une interprétation qu'il va ensuite exposer de façon organisée. Il doit maintenant faire la synthèse de ces remarques pour dégager des pistes d'analyse.

– L'évocation de la vie passée, et particulièrement de l'union amoureuse est opposée à l'évocation de la mort et de la solitude présentes, mises en évidence par l'importance du jeu des temps et des tournures négatives.
– Le passage de l'union amoureuse à la solitude est le signe de la dégradation du rapport du poète au monde, souligné par le jeu sur les répétitions, et par l'emploi de certains champs lexicaux.
– L'espoir d'une union dans la mort est « contredit » par le jeu sur la mesure des vers, qui sépare les termes représentant le « je » et le « tu ».
– L'écriture constitue un signe de vie, une tentative de communication avec le lecteur.

FORMULER LA PROBLÉMATIQUE

L'élève est maintenant en mesure de formuler la problématique du texte. Il doit, toujours au brouillon et en une ou deux phrases, définir sous la forme d'une question, par exemple, les enjeux principaux du texte. Cette problématique sera énoncée dans l'introduction.

Paul Éluard évoque ici le paradoxe que représente la perte de la femme aimée : alors que sa présence était synonyme de vie, de bonheur et d'harmonie avec le monde, sa disparition entraîne un sentiment de solitude irrémédiable et vide le monde de son sens.

On peut formuler ainsi la problématique : comment le poète utilise-t-il le langage pour évoquer dans toute sa profondeur la douleur de cette séparation définitive ? Ce travail sur le langage ne maintient-il pas un lien entre le poète et le monde ?

BÂTIR LE PLAN DU COMMENTAIRE

En s'appuyant sur les notes prises lors de la lecture analytique, l'élève élabore un plan qui s'articule autour de deux ou trois centres d'intérêt essentiels.

Quelles sont les règles à observer ?

L'élève doit veiller au bon équilibre du plan. En effet, il est nécessaire que les différentes parties du devoir rédigé soient de longueur comparable : par exemple, une deuxième partie trop longue ou, à l'inverse, trop courte, révélera un défaut dans la conception du plan, qu'il sera trop tard alors pour rectifier.

C'est pourquoi, il est nécessaire, à ce stade de la préparation du devoir, d'élaborer un plan suffisamment détaillé, comportant plusieurs parties, mais aussi des sous-parties correspondant aux différentes étapes de l'étude.

Il est nécessaire également de repérer dès cette étape les exemples auxquels on aura recours pour justifier le commentaire effectué sur le texte.

Ce plan détaillé permettra d'avoir une vision d'ensemble du devoir, et de s'assurer que sa progression est claire et bien justifiée. Tout en gardant en mémoire l'idée que chaque commentaire a son plan spécifique, on peut cependant donner quelques conseils de méthode :

– L'élève peut partir de l'approche la plus simple pour arriver graduellement aux analyses les plus complexes, auxquelles les remarques faites dans la première partie du devoir fourniront des bases solides. Il est possible par exemple de faire se succéder trois lectures différentes du texte, la première représentant un premier niveau d'analyse, les parties suivantes approfondissant des éléments importants, mais qu'il aurait été difficile d'exploiter lors de la première lecture. On peut par exemple terminer le devoir en proposant une interprétation symbolique, ou un développement visant à montrer en quoi le texte illustre, ou au contraire contredit les lois spécifiques d'un genre, en quoi il est représentatif de la position de l'auteur par rapport à ce genre.

– L'élève peut également adopter une approche thématique. Lorsqu'il étudie un texte qui associe étroitement des thèmes différents, il peut dissocier ces thèmes dans le plan, à condition de montrer que l'intérêt du texte réside justement dans la façon dont ils sont articulés entre eux. Cette approche thématique doit également observer constamment de quelle manière le travail de l'écriture met en valeur les significations du texte.

Quels sont les défauts à éviter ?

– L'étude linéaire déguisée : le plan suit la progression du texte en juxtaposant les remarques sans les organiser.
– Le commentaire trop morcelé : dans un tel cas, l'élève n'a pas su choisir les axes d'étude les plus importants, et les développements se succèdent sans avoir été organisés entre eux, et sans véritable cohérence d'ensemble, prenant le risque de dérouter et de lasser le lecteur.
– Le plan fond/forme : l'élève distingue artificiellement le fond et la forme, ce qui ne peut que restreindre les possibilités d'interprétation. Le commentaire d'un texte littéraire a en effet pour but de montrer en quoi les choix d'écriture participent de la transmission d'un sens ; la partie consacrée à la forme se ramène trop souvent dans ce cas au commentaire de procédés stylistiques considérés comme de purs et simples ornements, dénués de signification particulière.

CONSEILS POUR LA RÉDACTION DU COMMENTAIRE

Rédiger l'introduction et la conclusion

Avant de commencer à rédiger le commentaire, l'élève doit rédiger au brouillon l'introduction et la conclusion, l'une lui permettant de savoir d'où il part, l'autre de savoir où il doit arriver. Par ailleurs, il convient de ne pas négliger ces parties du devoir : une conclusion préparée d'avance évitera par exemple de clore le commentaire sur quelques lignes hâtives, parce que l'on aura manqué de temps.

L'introduction

Pour rédiger l'introduction, il faut :

– commencer par situer le texte dans son contexte historique, littéraire et culturel (l'élève pourra utiliser ses connaissances personnelles — par exemple celles qu'il possède sur les mouvements culturels étudiés en classe — et les informations recueillies lors de l'étude du paratexte) et le rattacher à l'objet d'étude ;

– présenter ensuite brièvement les caractéristiques du texte. Pour un poème, par exemple l'élève devra indiquer : le recueil d'où est extrait le poème, le genre auquel il appartient, la forme du poème (forme régulière, vers libres ou en prose), le registre auquel il se rattache. Pour une scène de théâtre ou un extrait de roman, l'élève devra préciser à quel moment de l'intrigue se situe l'extrait ; pour un texte à dominante argumentative, il devra définir le genre du texte et indiquer les moyens et les objectifs de l'argumentation :

– formuler la problématique du texte ;

– puis indiquer clairement le plan que va suivre le commentaire, en ne précisant que les principaux axes d'étude.

La conclusion

La conclusion doit faire le bilan du commentaire. Pour la rédiger, il faut :

– reprendre les différentes parties du plan, en montrant quelles interprétations se dégagent de l'étude qui vient d'être effectuée. Il ne s'agit pas toutefois de proposer une simple répétition du plan annoncé en introduction.

– répondre à la question posée par la problématique.

Le but de la conclusion est de mettre en évidence la cohérence du raisonnement mené tout au long du commentaire.

Soigner les transitions

Lorsque l'élève rédige le développement du commentaire, il doit, en ménageant des blancs, mettre en évidence les démarcations entre les différentes parties du devoir. La rédaction de brefs paragraphes de transition entre les différentes parties permettra au correcteur de mieux voir dans quelle perspective a été conçue l'organisation du plan, et de mieux percevoir la continuité du raisonnement.

Respecter les principes de l'analyse littéraire

Même si l'exercice requiert une certaine sensibilité littéraire, le commentaire doit rester le plus objectif possible. L'élève évitera d'employer des termes laudatifs ou péjoratifs, et de se laisser aller à l'impressionnisme : une interprétation doit toujours être argumentée, et justifiée par la référence à des exemples précis. Cet effort de rigueur permettra également d'éviter la paraphrase. De même, il faut s'efforcer d'employer un vocabulaire précis d'analyse littéraire, que ce soit pour étudier des phénomènes grammaticaux, des figures de style, ou pour définir le genre ou le registre d'un texte. L'emploi de ce vocabulaire renforcera la clarté de la réflexion.

Construire une argumentation

La particularité du commentaire réside dans le fait que l'argumentation qu'il présente découle de la lecture et de l'interprétation d'un texte. Il ne s'agit pas de se limiter à une simple paraphrase, à une description du texte. L'élève doit expliciter les significations du texte et montrer par quels procédés d'écriture l'auteur les met en valeur, l'ensemble du devoir visant à démontrer la validité de la problématique que l'observation du texte a permis de définir. L'argumentation devient alors l'exploration des principaux centres d'intérêt du texte, et la construction d'une interprétation.

Dans la mesure du possible, il ne faut présenter qu'un argument par paragraphe ; l'exposition de deux arguments, étroitement liés entre eux, reste néanmoins envisageable. Ces arguments doivent toujours être correctement approfondis : on ne saurait réduire une idée intéressante à une formule rapide. L'élève présente l'argument d'abord, puis il l'illustre par des exemples commentés et rattachés à l'interprétation. Il peut éventuellement partir d'un exemple particulièrement évocateur, dont l'exploitation servira de point d'appui à l'argumentation.

Choisir les exemples et les citations

Il est nécessaire, dans le cours de la rédaction, de faire fréquemment référence au texte : l'étude d'un texte littéraire doit s'appuyer sur des éléments précis qui permettent de justifier l'interprétation, tout en montrant l'art de l'écrivain. L'élève peut faire des allusions rapides à tel ou tel passage précis, particulièrement lorsqu'il commente un extrait de roman ou une scène de théâtre, qui évoquent une action. Mais plus généralement, il aura recours à des citations : termes ou expressions, propositions, phrases entières.

L'élève doit alors éviter de faire des citations trop longues ou des énumérations laborieuses : l'essentiel reste le commentaire que l'on développe sur le texte, et plus précisément sur les passages cités, qui doivent toujours être exploités ou illustrer clairement une remarque ou un développement.

L'élève veillera à présenter ces citations habilement : une expression ou un membre de phrase doivent, par exemple, être présentés entre guillemets, et relevés de façon à rester compréhensibles en eux-mêmes.

Relire le devoir rédigé

L'élève doit enfin gérer le temps imparti pour l'épreuve de façon à avoir le temps de relire le devoir avant de le rendre : il doit prévoir suffisamment de temps pour corriger les fautes d'orthographe et de construction qui subsisteraient, ou pour rajouter un mot de liaison ou une remarque rapide s'il pense qu'ils rendront plus clair tel ou tel passage du commentaire. L'élève doit cependant éviter d'abuser des ratures (trop de ratures nuisent à la bonne impression que doit produire le devoir) et des rajouts.

PLAN DÉTAILLÉ

Ce texte présente trois centres d'intérêt :

– le chagrin présent, marqué par la souffrance de la séparation ;

– le souvenir d'un passé heureux, qui évoque une expérience originale de l'amour : l'union avec la femme aimée, loin de pousser le poète à s'isoler du monde, lui permettait de tisser avec lui un rapport harmonieux ;

– le double paradoxe de la mort de Nusch, qui détruit ce bonheur et qui provoque le découragement face à un monde désormais vide, mais aussi la naissance du poème, signe de vie.

Le thème de la douleur est omniprésent dans le poème. Les deux autres axes d'étude permettent de mieux comprendre la profondeur de cette douleur : la dimension pathétique du texte est alors soulignée.

Par ailleurs, on a vu, au cours de la lecture analytique, que le poème présentait un certain nombre de procédés d'écriture qui tous visent à mettre en valeur ces thèmes, à faire partager au lecteur l'état d'âme exprimé par l'auteur : cette utilisation de l'écriture poétique est caractéristique du lyrisme. On proposera donc le plan suivant :

I/UN TEXTE PATHÉTIQUE

1 <u>Une évocation lyrique de la solitude</u>

– thèmes de la solitude et de l'attente au début du poème ;

– jeu des temps, champ lexical aux connotations négatives ;

– entourage ressenti comme hostile dans les derniers vers.

2 <u>L'expression de la douleur</u>

– explication : mort de la femme aimée ;

– séparation évoquée par le recours au champ lexical de la perte, la rhétorique de l'insistance, les temps du passé, le jeu des pronoms personnels ;

– anéantissement de l'illusion d'un amour éternel.

II/UNE VISION ORIGINALE DE L'AMOUR : UN COUPLE UNI ET OUVERT SUR LE MONDE

1 Une évocation poétique de l'union amoureuse
– jeu des répétitions et des possessifs qui marque une proximité physique, mais aussi morale ;
– pouvoir de la femme aimée sur l'époux.

2 Une vision de l'amour qui rattache les amants au monde
– association constante de l'amour aux valeurs de la vie (variations des compléments d'objets) ;
– scandale que représente la perte de la femme aimée, qui entraînera un désenchantement du monde.

III/ENTRE LE REFUS DE VIVRE ET L'IMPOSSIBILITÉ DE VAINCRE LA MORT : LE PARADOXE DE L'ÉCRITURE

1 L'attachement au passé et la tentation de renoncer au monde
– rapport au monde vidé de son sens : monde indifférent dont le poète semble se détourner ;
– désir de rejoindre Nusch dans la mort.

2 Le choix de l'écriture
– l'écriture poétique figure la séparation : mesure des vers, jeu des temps ;
– le poème est à la fois prise de conscience, célébration du bonheur perdu et tentative de communication.

En 1947, le poète Paul Éluard fit paraître un recueil intitulé *Le Temps déborde*, dans lequel figurait un court poème en vers libres, « Ma morte vivante ». Ce texte, ici soumis à notre étude, évoque la mort prématurée de Nusch, la jeune épouse du poète, mais surtout le désespoir de ce dernier et sa nostalgie du bonheur perdu. Ces thèmes ont déjà été traités par les poètes lyriques des siècles passés, comme Ronsard par exemple ; mais nous verrons comment Éluard les renouvelle par le moyen d'une écriture simple, mais qui parvient à suggérer toute la gravité de cette perte. Nous étudierons d'abord le thème dominant du poème : la douleur de la séparation, et la dimension pathétique qu'il confère au texte. Puis nous verrons comment le poète rappelle en filigrane l'union vécue avec la femme aimée, mais aussi le rapport harmonieux avec le monde que permettait cet amour. Enfin, nous examinerons en quoi l'écriture même du poème constitue un paradoxe, dans la mesure où le poète semble désormais renoncer au monde, et désirer la mort.

Les premiers mots du poème (« Dans mon chagrin rien n'est en mouvement ») rattachent d'emblée le texte aux registres lyrique et pathétique : les indices de la première personne sont très fréquents, et les premiers vers du poème évoquent le sentiment d'un néant, d'une attente désespérée. Le raccourcissement progressif des vers libres (v. 1-3) provoque l'impression d'un enfermement, d'une disparition progressive de l'espoir. Les tournures négatives sont en effet très présentes (« rien n'est en mouvement », v. 1 ; « personne ne viendra/Ni de jour ni de nuit/Ni jamais plus de ce qui fut moi-même », v. 2-4), et elles mettent en évidence la solitude du poète, l'absence de vie ou de mouvement autour de lui ; le futur, associé à ces négations, évoque un avenir sans espoir, et l'expression « jamais plus », employée au vers 4, donne à cette solitude un caractère irrévocable. La suite du poème rappelle le bonheur perdu ; mais les derniers vers évoquent à nouveau « un monde indifférent » et traduisent l'impression de solitude par des sensations physiques : « J'étais si près de toi

Analyse du commentaire rédigé

Introduction

Les informations trouvées dans le paratexte permettent de présenter l'auteur, de situer le texte et de préciser les circonstances de son écriture.

On indique le lien avec l'objet d'étude.

On présente ensuite ce qui sera la problématique du commentaire.

On annonce ensuite le plan qui sera suivi. Les différentes étapes sont clairement distinguées, pour faciliter l'appréhension d'ensemble du devoir par le correcteur : « Nous étudierons d'abord... Puis nous verrons... ». On peut également annoncer le plan en employant des tournures interrogatives.

Première partie

On prend soin de mettre en évidence les différentes étapes du devoir en sautant une ligne entre l'introduction et le développement.
On séparera de même les parties les unes des autres.

On justifie le rapprochement avec l'objet d'étude : l'étude des registres dans le texte poétique.

Dans un poème en vers libres, le choix de la mesure des vers, le jeu sur la succession de vers longs ou courts peut être un élément significatif.

Chaque interprétation que l'on propose doit être confirmée par des références précises au texte. Ces références doivent soit illustrer une remarque, soit être exploitées de façon à montrer leur intérêt pour la progression de l'interprétation.

Il est tout à fait possible de commencer le commentaire par un examen des premières lignes du texte. Mais il ne faut pas oublier que la règle est de circuler dans le texte pour montrer qu'un thème est développé ou que j'ai froid près des autres ». Le « je » solitaire semble abandonné de tous, et incapable de se distraire de son chagrin.

L'explication de ce désarroi est donnée par le titre et par le vers 4 : « ce qui fut moi-même » désigne à la fois Nusch et l'union intime qui existait entre elle et le poète. Ce vers associe donc deux thèmes opposés : la fusion des deux époux, le « moi » contenant en lui-même un « tu », et la disparition de cette fusion exprimée par le recours au passé simple et au pronom démonstratif neutre « ce » qui « annule » l'identité de Nusch. Le jeu des sonorités (assonances en « è » et « u », allitération en « m »), réparties en chiasme, donne au vers une structure fermée, qui renforce l'idée que la séparation est définitive. Dans la suite du texte, le recours au parallélisme, la répétition du verbe « se séparer » et l'emploi du passé composé (v. 5, 7, 8, 10 et 12) insistent sur le caractère irrévocable de cette perte, et sur le caractère obsessionnel de la détresse du poète. Toujours placés en début de vers, les adjectifs possessifs de la première personne rappellent que le poète est le seul survivant, que son corps seul peut éprouver la réalité de cette séparation : « Mes pieds [...] ne connaîtront plus mon poids ni le repos » (v. 12-14) ; l'allitération en « p » donne au vers 14 une sorte de pesanteur, comme pour insister sur l'idée d'une perte insoutenable. Les vers 15 à 18 expriment la même idée : « Il m'est donné de voir ma vie finir/Avec la tienne/Ma vie en ton pouvoir/Que j'ai crue infinie. » L'antithèse « finir/infinie » et l'emploi du verbe « croire » sont révélateurs : le poète a découvert que le bonheur éternel est une illusion ; avec cette mort, il perd une partie de lui-même, et reste seul avec sa douleur.

Tout le poème semble consacré à l'expression de la douleur devant une séparation irrévocable. Mais l'évocation du passé heureux, de l'union amoureuse se fait jour peu à peu, et permet de justifier l'intensité de cette douleur.

Le titre du poème, tout à fait paradoxal, rappelle en effet la mort de Nusch, mais aussi sa survie dans le souvenir. Les vers 5 à 14 évoquent en effet l'union parfaite qui existait entre les deux époux, grâce *repris plusieurs fois, ou qu'un procédé d'écriture se rencontre en différents points du passage : l'un ou l'autre peut dès lors être considéré comme une constante, un des centres d'intérêt du texte.*

Loin de se limiter à de simples citations, on peut proposer une interprétation précise de tel ou tel élément, à condition qu'elle se rattache bien à l'interprétation d'ensemble.

Lors de l'étude d'un texte poétique, l'examen du jeu des sonorités peut déboucher sur des remarques intéressantes, à condition, là encore, que l'étude des allitérations et des assonances soit susceptible d'enrichir l'interprétation.

Les termes grammaticaux font partie des outils de l'analyse littéraire. Ils doivent être employés avec précision.

Quand on cite un ensemble de plusieurs vers, il faut séparer les vers les uns des autres (/), et conserver la majuscule présente au début de chacun d'entre eux.

Les figures de style sont repérées au cours de la lecture analytique préliminaire. Elles doivent ensuite être considérées comme des éléments importants pour l'interprétation, en liaison avec les axes d'étude retenus pour le commentaire.

Transition

Un bref paragraphe de transition rappelle l'axe d'étude traité en première partie, et montre le lien logique avec la deuxième partie (« Mais... et permet de justifier... »).

Deuxième partie

Le titre d'un poème, d'un chapitre ou d'une nouvelle est aussi un élément à prendre en compte dans le commentaire.

au jeu des répétitions et des pronoms possessifs, qui met en correspondance différentes parties de leurs corps : « Mes yeux [...] tes yeux », « Ma bouche [...] ta bouche ». Chacun de ces éléments évoque le contact privilégié que permettait le rapport amoureux, la sensualité, mais aussi l'union des regards. Cette proximité physique était aussi une harmonie spirituelle, une soumission heureuse au pouvoir de la femme aimée (voir vers 17), et le début du vers 21 (« J'étais si près de toi ») résume en fait une complicité profonde, une union parfaite des deux époux l'un avec l'autre. Cette vision, qui évoque clairement l'union physique, mais aussi l'harmonie absolue que peut être l'amour, est d'ailleurs caractéristique de la poésie surréaliste. Composée de dix vers relativement longs (octosyllabes, décasyllabes et alexandrins), la deuxième strophe impose dans le texte l'image du bonheur perdu : ce poème du deuil est aussi une célébration de l'amour.

Cependant, cette union n'aboutissait pas à un isolement, à un repli, elle permettait au contraire une ouverture sur le monde : le bonheur d'aimer était aussi un bonheur de vivre. Dans les vers 5 à 14, le jeu des compléments d'objets associe au poète la femme aimée, mais aussi des éléments qui renvoient à une vision positive du monde : la confiance, la lumière (v. 6), le plaisir, le sens de la vie (v. 8, 9). Le « sens de l'amour » était étroitement lié au « sens de la vie » : l'amour était une façon d'être au monde, il permettait de mieux saisir les choses, de marcher sur les routes, d'avancer (v. 11-13) : le rapport au monde qui est ici évoqué est un rapport concret, physique que la disparition de Nusch rend désormais impossible : « Ils ne connaîtront plus mon poids ni le repos » (v. 14). L'oxymore du titre met en évidence le scandale que représente la mort de la jeune femme : celle qui était la plus vivante, celle qui poussait le poète à vivre et à aimer le monde a désormais disparu. Le monde est désormais désenchanté, désorienté, « il n'y a plus de routes » (v. 13).

La partie centrale du poème met en évidence l'ampleur de la perte subie par le poète, en rappelant le bonheur passé, c'est-à-dire le bonheur amoureux, tout comme le bonheur d'être au monde.

Les références aux vers évitent de faire des citations trop longues.

Des citations bien choisies sont néanmoins plus parlantes pour le correcteur.

Le commentaire s'appuie ici sur l'étude d'un passage déjà exploité dans un paragraphe précédent : on effectue une deuxième lecture en travaillant sur des éléments différents de ceux qui ont été exploités la première fois. Il ne s'agit pas ici de répéter l'interprétation, mais de la nuancer et de la compléter en se basant sur un axe d'étude différent. Cette méthode de travail est intéressante pour les textes qui, comme ce poème, associent étroitement des thèmes différents, voire opposés.

***Transition** entre les parties II et III*

Rendue plus douloureuse par ce rappel, la solitude engendre la tentation de renoncer à vivre.

La signification du désespoir, évoquée ici dès le début du poème, apparaît désormais clairement : en perdant son épouse, le poète a tout perdu, et le rapport harmonieux qu'il vivait avec le monde a disparu. Les verbes qui décrivent sa nouvelle relation au monde, employés au présent ou au futur, sont tous accompagnés d'une négation, ou présentent des connotations négatives : « Ils perdent leur lumière » (v. 6), « rien n'est en mouvement » (v. 1), « Ils n'avanceront plus » (v. 13), et tous évoquent une dégradation. Le bonheur vécu dans le passé n'est plus qu'un souvenir torturant, et le monde semble désormais indifférent : le monde extérieur semble alors disparaître de la conscience du poète, et du poème lui-même, qui ne donne de l'avenir qu'une image morbide : « Et l'avenir mon seul espoir c'est mon tombeau/Pareil au tien cerné d'un monde indifférent » (v. 19-20). Le seul espoir semble désormais de rejoindre Nusch dans la mort, cette union continuant celle que les deux époux ont vécue naguère. Le poète passe en effet de la constatation des vers 15 et 16 (« Il m'est donné de voir ma vie finir/Avec la tienne ») à l'affirmation des vers 19 et 20 (« Et l'avenir mon seul espoir c'est mon tombeau/Pareil au tien… »). Ces deux groupes de vers associent clairement des opposés : la fin de la vie est vue comme un don, le tombeau est un espoir : la douleur semble pousser le poète à dépasser les limites du rationnel, à dépasser les antithèses, pour aller jusqu'au paradoxe qui, dans l'oxymore du titre, associe la mort à la vie.

Mais si les deux époux sont réunis par le discours et par le jeu des adjectifs possessifs (« voir ma vie finir/Avec la tienne », « mon tombeau/Pareil au tien », v. 15-20), ils restent séparés par la mesure des vers : l'union qu'évoquaient indirectement les décasyllabes de la deuxième strophe (« Ma bouche s'est séparée de ta bouche », v. 7) reste dans ces derniers vers à jamais irréalisable. Ces vers sont pourtant libres, et le poète aurait pu choisir des mètres plus longs ; mais les vers choisis et la disposition des mots dans ces vers semblent montrer que le poète a pris conscience du fait que l'union amoureuse

Troisième partie

L'étude du jeu des temps, qui est un des éléments importants du poème, peut déboucher sur une interprétation plus approfondie, dans la mesure où les deux premières parties ont permis de bien cerner les deux périodes auxquelles fait allusion le poète. La progression du plan est ici justifiée : la première impression rattache le texte au registre pathétique. Toutefois, une lecture plus approfondie permet de mettre en évidence l'évocation du bonheur passé, et donc de nuancer cette première approche.

Il peut être intéressant de prendre en compte ce que le texte évoque « en creux » : les thèmes ou les éléments qui devraient être évoqués explicitement et auxquels il n'est pas fait allusion dans certains passages d'un texte. Ce « défaut » pourra avoir un caractère significatif, intéressant pour l'interprétation.

Analyse des figures de rhétorique.

Dans ce poème en vers libres, le choix des vers, la manière dont la phrase coïncide ou non avec la mesure des vers est significative.

appartient désormais au passé, qu'elle ne peut être évoquée désormais qu'au passé composé ou à l'imparfait : « Ma vie en ton pouvoir/ Que j'ai crue infinie » (v. 17-18) ; « J'étais si près de toi » (v. 21). La vie présente d'Éluard est dénuée de cette chaleur vivante qu'apportait Nusch (« j'ai froid près des autres »). Dans ce vers 21, le jeu des sonorités (répétition de « près de », assonances en « è » et « oi ») souligne les différences de deux situations apparemment semblables. Même si la tristesse domine, même si le monde extérieur apparaît comme hostile, l'écriture de ce poème lyrique manifeste le désir de communiquer avec les autres : la création poétique est un moyen de formuler le deuil, mais aussi de fixer le souvenir de l'amour, et enfin de prolonger ce désir de vivre et cette ouverture au monde qui faisait l'originalité de l'amour vécu avec Nusch.

« Ma morte vivante » est un poème du désarroi, mais aussi un poème du souvenir, ou plutôt un poème qui célèbre un amour vu comme une union parfaite avec la femme aimée, mais aussi comme un rapport harmonieux avec le monde. Cette perte semble d'abord inacceptable, et le poème l'évoque comme un paradoxe, en entrelaçant étroitement l'expression de la souffrance et les images du bonheur perdu.

Mais le poète parvient enfin, par ses choix d'écriture, à rendre compte de la séparation, et cette écriture lui permet de rétablir des liens avec le monde, et de manifester sa fidélité à l'amour qu'il a vécu. Paul Éluard renouvelle ainsi un des thèmes traditionnels de la poésie amoureuse, que Ronsard par exemple avait déjà traité dans ses poèmes sur la mort de Marie.

Prise en compte du jeu des sonorités

On termine par une réflexion sur l'écriture, l'objectif d'un texte lyrique étant aussi la communication avec le lecteur.

À la fin de cette troisième partie, on met en évidence la cohérence d'ensemble du commentaire

Conclusion

La conclusion revient sur les différents axes d'étude.

Réponse à la problématique définie en introduction.

Rapprochement du texte avec l'objet d'étude ; référence au corpus.

2 Le commentaire en séries technologiques

En séries technologiques, l'épreuve du bac se présente de la façon suivante.

Le candidat dispose d'un corpus de deux à cinq textes, ou d'un seul texte long :

– il doit d'abord répondre à une ou deux questions qui portent sur le corpus ;

– il doit ensuite effectuer un travail d'écriture, qu'il choisit parmi les trois qui lui sont proposés : le commentaire, la dissertation ou l'écriture d'invention.

Le commentaire est donc l'un des travaux d'écriture possibles : le sujet indique sur quel extrait le candidat doit travailler, puis le parcours de lecture, c'est-à-dire les questions auxquelles il doit répondre pour effectuer ce commentaire. Les deux questions aident donc l'élève à analyser le texte. Les réponses doivent être soigneusement rédigées et organisées. Elles doivent être précédées d'une introduction générale présentant le texte.

Nous allons proposer la méthode à employer pour préparer et rédiger le commentaire à partir du parcours de lecture. Pour illustrer notre démarche, nous nous appuierons sur l'exemple proposé pages 41 *et sq*.

---

1. Un document iconographique peut figurer parmi le corpus.

SUJET 2

Objets d'étude : l'argumentation : convaincre, persuader et délibérer.

TEXTES

A – Michel de Montaigne, « De l'institution des enfants », *Essais*, Livre I, chapitre 26 (1580).
B – Jean de La Fontaine, « Les Obsèques de la lionne », *Fables*, VIII, 14 (1678).
C – Voltaire, *L'Ingénu*, chapitre IX, (1767).

Texte A

Montaigne, « De l'institution des enfants », *Essais*, Livre I, chapitre 26 (1580).

[Montaigne explique quel homme devrait devenir le jeune garçon élevé selon ses principes, et quel rapport au prince et aux puissants il devra entretenir.]

Si son gouverneur[1] tient de mon humeur, il lui formera la volonté à être très loyal serviteur de son prince, et très affectionné et très courageux ; mais il lui refroidira l'envie de s'y attacher autrement que par un devoir public. Outre[2] plusieurs autres inconvénients qui blessent notre franchise[3] par ces obligations particulières, le jugement d'un homme gagé[4] ou acheté, ou il est moins entier et moins libre, ou il est taché et d'imprudence et d'ingratitude.

Un courtisan ne peut avoir ni loi ni volonté de dire et penser que favorablement d'un maître qui, parmi tant de milliers d'autres sujets, l'a choisi pour le nourrir et élever de sa main. Cette faveur et utilité corrompent non sans quelque raison sa franchise, et l'éblouissent. Pourtant[5] voit-on

1. *Gouverneur* : celui qui éduque le jeune élève.
2. *Outre* : en plus de.
3. *Franchise* : qui gêne notre liberté.
4. *Gagé* : à qui on donne des gages, une pension.
5. *Pourtant* : pour cela (sens archaïque).

coutumièrement le langage de ces gens-là divers à tout autre langage d'un état, et de peu de foi[1] en telle matière.

Que sa conscience et sa vertu reluisent en son parler, et n'aient que sa raison pour guide. Qu'on lui fasse entendre que de confesser la faute qu'il découvrira dans son propre discours, encore qu'elle ne soit aperçue que par lui, c'est un effet de jugement et de sincérité qui sont les principales parties qu'il cherche ; que l'opiniâtreter et contester[2] sont qualités communes, plus apparentes aux plus basses âmes ; que se raviser et corriger, abandonner un mauvais parti sur le cours de son ardeur[3], ce sont qualités rares, fortes et philosophiques.

On l'avertira, étant en compagnie, d'avoir les yeux partout ; car je trouve que les premiers sièges sont communément saisis par les hommes moins capables, et que les grandeurs de fortune ne se trouvent guère mêlées à la suffisance.

Texte B

La Fontaine, *Fables*, « Les Obsèques de la lionne », VIII, 14 (1678).

[La Fontaine met ici en scène la cour et les courtisans.]

Les Obsèques de la lionne

La femme du Lion mourut :
Aussitôt chacun accourut
Pour s'acquitter envers le Prince
De certains compliments de consolation,
Qui sont surcroît d'affliction.
Il fit avertir sa Province
Que les obsèques se feraient

1. *Foi* : à qui il faut accorder peu de foi.
2. *Que l'opiniâtreter et contester* : que le fait de maintenir à tout prix son idée et contester autrui.
3. *Le cours de son ardeur* : au moment même où on soutient ce parti avec ardeur.

Un tel jour, en tel lieu ; ses Prévôts[1] y seraient
Pour régler la cérémonie,
Et pour placer la compagnie.
Jugez si chacun s'y trouva.
Le Prince aux cris s'abandonna,
Et tout son antre en résonna.
Les Lions n'ont point d'autre temple.
On entendit à son exemple
Rugir en leurs patois Messieurs les Courtisans.
Je définis la cour un pays où les gens
Tristes, gais, prêts à tout, à tout indifférents,
Sont ce qu'il plaît au Prince, ou s'ils ne peuvent l'être,
Tâchent au moins de le parêtre[2],
Peuple caméléon, peuple singe du maître,
On dirait qu'un esprit anime mille corps ;
C'est bien là que les gens sont de simples ressorts.
Pour revenir à notre affaire
Le Cerf ne pleura point, comment eût-il pu faire ?
Cette mort le vengeait ; la Reine avait jadis
Étranglé sa femme et son fils.
Bref il ne pleura point. Un flatteur l'alla dire,
Et soutint qu'il l'avait vu rire.
La colère du Roi, comme dit Salomon,
Est terrible, et surtout celle du roi Lion :
Mais ce Cerf n'avait pas accoutumé de lire.
Le Monarque lui dit : Chétif hôte des bois
Tu ris, tu ne suis pas ces gémissantes voix.
Nous n'appliquerons point sur tes membres profanes
Nos sacrés ongles ; venez Loups,
Vengez la Reine, immolez tous
Ce traître à ses augustes mânes.

---

1. *Prévôts* : police.
2. *Parêtre* : graphie volontairement fausse pour la rime (être/parêtre).

Le Cerf reprit alors : Sire, le temps de pleurs
Est passé ; la douleur est ici superflue.
Votre digne moitié couchée entre des fleurs,
Tout près d'ici m'est apparue ;
Et je l'ai d'abord reconnue.
Ami, m'a-t-elle dit, garde que ce convoi,
Quand je vais chez les Dieux, ne t'oblige à des larmes.
Aux Champs Élyséens j'ai goûté mille charmes,
Conversant avec ceux qui sont saints comme moi.
Laisse agir quelque temps le désespoir du Roi.
J'y prends plaisir. À peine on eut ouï la chose,
Qu'on se mit à crier : Miracle, apothéose !
Le Cerf eut un présent, bien loin d'être puni.
Amusez les Rois par des songes,
Flattez-les, payez-les d'agréables mensonges,
Quelque indignation dont leur cœur soit rempli,
Ils goberont l'appât, vous serez leur ami.

Texte C

Voltaire, *L'Ingénu*, chapitre IX (1767).

[Le personnage nommé l'ingénu à cause de sa naïveté est un jeune homme (breton d'origine) élevé en Amérique qui découvre avec surprise les injustices de la société française. Il se rend ici à Versailles pour être récompensé des services qu'il a rendus à l'armée française, et demander la permission d'épouser celle qu'il aime, Mlle de Saint-Yves.]

L'Ingénu débarque en pot de chambre[1] dans la cour des cuisines[2]. Il demande aux porteurs de chaise à quelle heure on peut voir le roi. Les porteurs lui rient au nez, tout comme avait fait l'amiral anglais. Il les traita de même, il les battit ; ils voulurent le lui rendre, et la scène allait être san-

1. *Pot de chambre* : petite voiture couverte.
2. *La cour des cuisines* : du château de Versailles.

glante s'il n'eût passé un garde du corps, gentilhomme breton, qui écarta la canaille. « Monsieur, lui dit le voyageur, vous me paraissez un brave homme ; je suis le neveu de Monsieur le prieur de Notre-Dame de la Montagne ; j'ai tué des Anglais, je viens parler au roi. Je vous prie de me mener dans sa chambre. » Le garde, ravi de trouver un brave de sa province, qui ne paraissait pas au fait des usages de la cour, lui apprit qu'on ne parlait pas ainsi au roi, et qu'il fallait être présenté par Monseigneur de Louvois. « Eh bien ! menez-moi donc chez ce Monseigneur de Louvois qui sans doute me conduira chez Sa Majesté. — Il est encore plus difficile, répliqua le garde, de parler à Monseigneur de Louvois qu'à Sa Majesté. Mais je vais vous conduire chez Monsieur Alexandre, le premier commis de la guerre : c'est comme si vous parliez au ministre. » Ils vont donc chez ce Monsieur Alexandre, premier commis, et ils ne purent être introduits ; il était en affaire avec une dame de la cour, et il y avait ordre de ne laisser entrer personne. « Eh bien ! dit le garde, il n'y a rien de perdu ; allons chez le premier commis de Monsieur Alexandre : c'est comme si vous parliez à Monsieur Alexandre lui-même. »

Le Huron, tout étonné, le suit ; ils restent ensemble une demi-heure dans une petite antichambre. « Qu'est-ce donc que tout ceci ? dit l'Ingénu ; est-ce que tout le monde est invisible dans ce pays-ci ? Il est bien plus aisé de se battre en Basse-Bretagne contre des Anglais que de rencontrer à Versailles les gens à qui on a affaire. » Il se désennuya en racontant ses amours à son compatriote. Mais l'heure en sonnant rappela le garde du corps à son poste. Ils se promirent de se revoir le lendemain, et l'Ingénu resta encore une autre demi-heure dans l'antichambre, en rêvant à Mademoiselle de Saint-Yves, et à la difficulté de parler aux rois et aux premiers commis. Enfin le patron parut. « Monsieur, lui dit l'Ingénu, si j'avais attendu pour repousser les Anglais aussi longtemps que vous m'avez fait attendre mon audience, ils ravageraient actuellement la Basse-Bretagne tout à leur aise. » Ces paroles frappèrent le commis. Il dit enfin au Breton : « Que demandez-vous ? — Récompense, dit l'autre ; voici mes titres. » Il lui étala tous ses certificats. Le commis lut, et lui dit que probablement on lui accorderait la permission d'acheter une lieutenance. « Moi ! que je donne de l'argent pour avoir repoussé les Anglais ? que je paye le droit de me faire tuer pour vous, pendant que vous donnez ici vos audiences tranquillement ? Je crois que vous voulez rire. Je veux une compagnie de cavalerie pour rien ; je veux que le roi fasse sortir Mademoiselle de Saint-Yves du couvent, et qu'il me la donne par mariage ; je veux parler au roi en faveur de cinquante mille familles que je prétends lui rendre[1]. En un mot, je veux être utile ; qu'on m'emploie et qu'on m'avance. — Comment vous nommez-vous, Monsieur, qui parlez si haut ? — Oh ! oh ! reprit l'Ingénu ; vous n'avez donc pas lu mes certificats ? C'est donc ainsi qu'on en use ? Je m'appelle Hercule de Kerkabon ; je suis baptisé, je loge au Cadran bleu et je me plaindrai de vous au roi. » Le commis conclut comme les gens de Saumur, qu'il n'avait pas la tête bien saine, et n'y fit pas grande attention.

Ce même jour, le révérend père de La Chaise, confesseur de Louis XIV, avait reçu la lettre de son espion, qui accusait le Breton Kerkabon de favoriser dans son cœur les huguenots, et de condamner la conduite des jésuites. Monsieur de Louvois, de son côté, avait reçu une lettre de l'interrogant bailli, qui dépeignait l'Ingénu comme un garnement qui voulait brûler les couvents et enlever les filles. L'Ingénu, après s'être promené dans les jardins de Versailles, où il

---

1. *En faveur de cinquante mille familles que je prétends lui rendre* : l'ingénu veut défendre les huguenots exilés. Il condamne la conduite des Jésuites qui ont influencé le roi à cette occasion.

s'ennuya, après avoir soupé en Huron et en Bas-Breton, s'était couché dans la douce espérance de voir le roi le lendemain, d'obtenir Mademoiselle de Saint-Yves en mariage, d'avoir au moins une compagnie de cavalerie, et de faire cesser la persécution contre les huguenots. Il se berçait de ces flatteuses idées, quand la maréchaussée entra dans sa chambre. Elle se saisit d'abord de son fusil à deux coups et de son grand sabre. On fit un inventaire de son argent comptant, et on le mena dans le château[1] que fit construire le roi Charles V, fils de Jean II, auprès de la rue Saint-Antoine, à la porte des Tournelles.

ÉCRITURE

I. Vous répondrez d'abord à la question suivante (6 points) : quelle image du pouvoir ces trois textes proposent-ils ?

II. Vous traiterez ensuite un de ces sujets (14 points).

Commentaire

Vous commenterez la fable de La Fontaine (texte 2) en vous aidant du parcours de lecture suivant :

1. Comment la cour du roi est-elle critiquée à travers le récit proposé dans la fable ?
2. Que critique le fabuliste lorsqu'il prend la parole directement ?

Dissertation

La Fontaine introduit le livre I des *Fables* en s'adressant à Monseigneur le Dauphin en ces termes : « Je ne doute point, Monseigneur, que vous ne regardiez favorablement des inventions si utiles et tout ensemble si agréables. » À partir des textes du corpus et de vos lectures personnelles, vous discuterez de l'articulation de ces deux aspects, plaire et instruire, dans les genres de l'essai, de la fable et du conte philosophique.

Vous présenterez vos réflexions dans un développement ordonné.

---

1. *Le château* : il s'agit de la prison de la Bastille.

Écriture d'invention

Vous composerez un récit en prose qui dénonce le comportement injuste d'un homme d'État. Vous prendrez soin d'exposer la morale de l'histoire.

PRÉPARER LE COMMENTAIRE

LIRE ATTENTIVEMENT LE TEXTE ET LE PARATEXTE

L'élève lit attentivement le texte et le paratexte pour en comprendre le sens général et pour répondre à une série de questions qu'il doit se poser avant d'entreprendre l'analyse du parcours de lecture.

POSER LES QUESTIONS PRÉLIMINAIRES

Sur le paratexte[1]

À quelle date le texte a-t-il été écrit ? Qui est l'auteur ? Si on a des connaissances sur la période (la période classique au XVIIe par exemple, ou encore l'époque des Lumières au XVIIIe siècle), il faudra songer à s'en servir dans la réponse aux questions. Si le candidat connaît l'auteur, il pourra se servir de ses connaissances dans l'introduction. Mais il n'est pas nécessaire de savoir qui est l'auteur ou de connaître le contexte dans lequel l'œuvre a été écrite. Il ne faut donc pas se bloquer sur ce point. Ainsi, à propos des Fables de La Fontaine, on constate que le texte date de 1678, c'est-à-dire qu'il se situe au moment où s'affirme le classicisme. La Fontaine est l'auteur qui a renouvelé l'écriture de la fable, et il a donné ses lettres de noblesse au genre.

Sur le texte

Quel est le genre du texte ?

À quel genre littéraire appartient le texte ? S'agit-il de théâtre, de poésie, de roman ? Appartient-il à un sous-genre (dans le genre du

1. C'est-à-dire les informations que l'on donne au candidat pour présenter le texte, le titre de l'œuvre, la date de parution…

théâtre, on distingue par exemple la comédie et la tragédie) ? Le texte de La Fontaine est une fable, une fiction allégorique présentant une structure binaire (un récit et une moralité), écrite en vers.

Qui est le narrateur du texte ? Qui parle dans le texte ?

On remarque chez La Fontaine que le narrateur, qui s'exprime à la première personne, intervient au cours du texte, comme le montre la forte présence des marques de la première personne.

Quelle est ou quelles sont les formes de discours ?

Quel que soit le texte envisagé, il est toujours pris en charge par un narrateur, qui choisit une forme particulière de discours. Ce narrateur peut choisir :

– la forme argumentative (cette forme de discours vise alors à obtenir l'adhésion de l'interlocuteur face à la thèse proposée) ;
– la forme narrative (le narrateur raconte alors une histoire, c'est-à-dire une suite d'événements, et il produit ainsi un récit) ;
– la forme descriptive (cette forme du discours vise à décrire un être, une chose, un paysage..., c'est-à-dire à en présenter les caractéristiques) ;
– la forme explicative (il s'agit de présenter, de façon ordonnée, des données objectives qui permettent d'informer le lecteur).

Il faut se demander aussi s'il s'agit d'un texte ancré dans la situation d'énonciation (c'est-à-dire si le locuteur s'implique directement dans son texte, expose sa pensée devant le destinataire souvent interpellé), ou s'il s'agit d'un texte coupé de la situation d'énonciation (c'est-à-dire si le locuteur s'efface derrière les événements racontés, et ne s'adresse pas directement à son destinataire).

Cette fable de La Fontaine fait alterner le discours narratif (le fabuliste raconte l'histoire du cerf) et le discours argumentatif (le fabuliste prend la parole pour expliquer et dénoncer le fonctionnement de la cour).

Quelle est la structure du texte ?

Comment le texte s'organise-t-il ? Peut-on observer différents moments, une progression ?

On observe différentes étapes dans cette fable : les seize premiers vers proposent le début du récit, avec l'élément déclencheur et ses conséquences (les animaux sont convoqués à la cour du lion). Du vers 17 au vers 23, le fabuliste intervient au présent de vérité générale pour critiquer la cour et les courtisans serviles. À partir du vers 24, le fabuliste revient au récit pour signaler le sort particulier du cerf, soumis à la colère du roi, puis la façon dont ce courtisan se tire d'affaire. Les quatre derniers vers constituent une moralité, où le fabuliste tire explicitement la leçon de son récit.

Rapport avec l'objet d'étude ou les objets d'étude

Enfin, on se demandera dans quelle mesure le texte se rattache à l'objet d'étude qu'indique le sujet.

La fable de La Fontaine se rattache très nettement à l'objet d'étude intitulé « L'argumentation : convaincre, persuader et délibérer ». Il s'agit en effet d'emporter l'adhésion du lecteur qui doit être séduit par la forme plaisante et instruit par la leçon que transmet cette forme d'apologue, c'est-à-dire ce récit à portée moralisatrice.

Il faut prendre le temps d'effectuer ce travail préparatoire, indispensable pour éviter les erreurs d'interprétation.

ANALYSER LE PARCOURS DE LECTURE

Qu'est-ce qu'un parcours de lecture ? Ce sont les deux questions à partir desquelles le candidat doit commenter le texte. L'étude du texte est ainsi guidée par ces deux questions.

Pour analyser le parcours de lecture, l'élève doit :

- lire attentivement et reformuler les deux questions ;
- relever les passages qui permettent de répondre aux questions ;
- classer les éléments relevés.

Lire attentivement la question 1

L'élève doit lire attentivement la question, puis souligner les termes qui semblent essentiels. Enfin, pour vérifier qu'il en a bien compris le sens, il pourra la reformuler, en la réécrivant dans des termes qui lui semblent plus familiers.

Question : « Comment la cour du roi est-elle critiquée à travers le récit proposé dans la fable ? »

Cette première question permet au candidat de s'interroger sur le récit que raconte la fable. En effet, le fabuliste propose une histoire, avec une situation initiale, l'apparition d'un personnage particulier, héros du récit ; ce personnage est confronté à des événements dangereux, qu'il va surmonter. Le narrateur fait intervenir les protagonistes au style direct, de manière à rendre vivant ce court et vif récit.

Par ailleurs, la question insiste sur le fait que ce récit, dans le cadre de la fable, est là pour donner une leçon, pour transmettre de façon agréable au lecteur un contenu didactique. Il s'agit de critiquer le comportement des courtisans et la façon dont le roi exerce le pouvoir.

Relever les passages du texte qui permettent de répondre à la question

L'élève doit alors procéder à une seconde lecture du texte, en ne perdant pas de vue la question posée. Au cours de cette lecture, il lui faudra repérer et relever tout ce qui renvoie à cette question.

Précisons que le relevé d'expressions, de champs lexicaux, de figures de style, doit toujours servir à clarifier la signification du texte. Ce relevé n'a pas de valeur si l'élève ne montre pas comment les passages qu'il cite permettent au narrateur d'exprimer telle ou telle idée.

Dans le cas de la fable, l'élève doit relever les éléments fondamentaux du récit, et leur portée critique.

– *Le récit* : l'élève relèvera la structure du récit (la situation initiale (vers 1 et 2) ; l'enchaînement des actions des courtisans à l'annonce de la mort de la lionne ; l'intervention d'un personnage particulier ; sa ruse). Il sera aussi sensible aux temps utilisés, temps du récit (passé simple et imparfait) ; au recours au style direct, au dialogue ; au jeu des oppositions, qui font du cerf un personnage seul contre tous. L'élève note que la métrique souligne le sens et les retournements de situation ; il note aussi qu'il s'agit de proposer un récit émouvant (on ne peut que plaindre le cerf, victime, déjà affecté par le meurtre de sa femme et de son fils).

– *La dimension critique* : l'élève relève les éléments qui critiquent le comportement autoritaire du roi (qui convoque tout le monde par le biais de ses « prévôts »), injuste (puisqu'il condamne un innocent) ; les courtisans sont critiqués car ils sont serviles, menteurs et médisants (comme celui qui dénonce le cerf). Le fabuliste use d'un lexique très péjoratif pour condamner ce comportement et se moque des courtisans.

Classer les éléments relevés

L'élève doit ensuite classer ces éléments, de manière à proposer un développement ordonné.

On peut proposer ici l'organisation suivante :
– l'analyse de la situation initiale, avec l'événement de départ, qui met en place le cadre ; le comportement des courtisans face aux princes ;
– un moment particulier qui met en valeur le jeu social, avec la préparation de la cérémonie, l'attitude du prince et celle de ses sujets serviles ;
– le sort d'un personnage particulier, héros de l'histoire : le cas du cerf, opposé aux autres animaux ; le cerf mis en accusation ; le dialogue entre le cerf et le lion qui met en valeur les rapports de pouvoir ; le succès du discours du cerf, et sa dimension ironique.

Lire attentivement la question 2

Question : « Que critique le fabuliste lorsqu'il prend la parole directement ? »

La seconde question s'inscrit dans la suite logique de la première : après avoir constaté que le récit est l'occasion pour le fabuliste de proposer de vives critiques du milieu de la cour, on aborde les passages de la fable où le narrateur prend la parole en intervenant à la première personne (« Je définis la cour… ») et au présent de vérité générale pour tirer les leçons explicitement, alors que le récit les abordait plus implicitement.

Relever les passages du texte qui permettent de répondre à la question

L'élève peut alors relever les éléments suivants au fil du texte :

– Dès le vers 5, le fabuliste intervient pour commenter le récit au présent de vérité générale.

– À partir du vers 17, le fabuliste interrompt une première fois son récit pour s'attarder sur un point qu'il a déjà mis en lumière : les gens à la cour se placent toujours sous le regard du maître. L'intervention du fabuliste se fait plus explicite, avec l'expression « je définis ».

– Les indices de l'énonciation le montrent : les indices de la personne (« je »), les indices de temps (« Je définis », présent d'énonciation), les indices des jugements (les gens « prêts à tout, à tout indifférents », les gens « sont de simples ressorts »). Le ton est donc beaucoup moins léger (dans la forme) que dans le récit : il ne s'agit plus d'amuser les hommes, mais de leur montrer ce qu'ils sont parfois. Il s'agit d'un constat (on le voit par le verbe définir) pessimiste sur les courtisans, fait au présent de vérité générale.

– La cour est un univers particulier (un « pays ») où tous sont sous le regard du prince (« sont ce qu'il plaît au prince »), soumis à ses désirs. Ils sont « tristes, gais » : le jeu des antithèses montre qu'ils peuvent passer d'un état à un autre pour plaire, donc « prêts à tout ». Ils sont « à tout indifférent » : ceci les rend insensibles à tout autre chose que le désir de plaire au prince. L'accumulation met bien en lumière les caractéristiques de ces gens, caractéristiques expliquées par la chute « sont ce qu'il plaît au prince ».

– Les courtisans perdent toute personnalité, comme le soulignent les métaphores « peuple caméléon, peuple singe du maître » (les deux expressions étant mises en valeur dans les deux hémistiches), et la comparaison (« On dirait qu'un esprit anime mille corps »). Les gens y perdent leur esprit, et ne sont plus que des mécaniques (« C'est bien là que les gens sont de simples ressorts »). Un autre thème intervient aussi, celui du paraître : « ou s'ils ne peuvent l'être,/ Tâchent au moins de le parêtre (avec l'orthographe du XVIIe siècle) » : toute sincérité s'abolit au contact du pouvoir.

– Le fabuliste intervient à nouveau à la fin de son récit, ce qui est traditionnel dans une fable : c'est la moralité. Celle-ci s'adresse explicitement au lecteur (avec l'impératif « amusez »). Elle reprend ce que nous avons observé dans le récit, en l'explicitant : les rois aiment qu'on leur dise des mensonges agréables, et celui qui les dit est sûr de réussir (c'est exactement ce qu'a fait le cerf lorsqu'il a inventé l'histoire de la lionne au paradis).

Classer les éléments relevés

On peut ainsi proposer un développement ordonné.

Au vu des éléments relevés, on peut classer les remarques en envisageant tout d'abord les interventions du fabuliste au cours de la fable, puis en observant la moralité.

– Le commentaire sur la cour : l'intervention directe du fabuliste et le constat amer sur les rapports de pouvoir.

– La moralité : une reprise de la leçon du récit ; une autre manière de frapper le lecteur et de faire passer la leçon sur la nécessité de savoir manipuler le langage, de raconter des fictions, des fables.

Vérifier avant de rédiger

Enfin, avant de passer à la rédaction, l'élève vérifie si tous les éléments qu'il a relevés et classés permettent bien de répondre à la question posée. Cette dernière vérification avant la rédaction est indispensable et évite le hors sujet.

CONSEILS POUR LA RÉDACTION DU COMMENTAIRE

L'introduction

Avant de rédiger les réponses aux questions proprement dites, il faut proposer une introduction générale qui annonce l'étude guidée du texte.

L'introduction se compose de la manière suivante :

– l'élève commence par situer le texte dans son contexte (dans

l'époque, dans l'œuvre, dans la vie de l'auteur), et le rattacher à l'objet d'étude ou aux objets d'étude concernés ;
– il présente ensuite le texte, en le résumant brièvement, en une ou deux phrases ;
– enfin, il reformule les questions que pose le parcours de lecture, en mettant en évidence le lien logique qui les unit.

Les réponses aux questions

Elles doivent être soigneusement rédigées.

L'élève présente tout d'abord la question qu'il va traiter. Il propose ensuite une série de paragraphes, qui correspondent aux différentes étapes que l'on a identifiées lors du travail préparatoire. Il doit à cette occasion toujours signaler en premier lieu l'idée directrice du paragraphe. Puis il cite et analyse des passages précis du texte (qu'il a identifiés lors du relevé) qui viennent illustrer cette idée. Les citations doivent être intégrées habilement dans le développement.

La conclusion

Il convient, dans un dernier et court paragraphe, que l'élève fasse un bilan de l'étude qu'il a menée grâce aux questions. Il peut aussi ouvrir sur un autre thème ou texte similaire.

La relecture du devoir rédigé

Enfin, il est important de relire soigneusement ce devoir rédigé pour corriger les fautes. Un devoir non relu est un devoir inachevé.

COMMENTAIRE RÉDIGÉ

La fable est un genre pratiqué depuis l'Antiquité. Le terme désigne un récit dont on peut tirer une leçon, souvent accompagné d'une moralité (le petit passage où l'auteur intervient pour tirer explicitement la leçon). Ésope, qui composa ses fables au VIe siècle avant Jésus-Christ, est appelé le père de la fable. Les fables comportent donc une double dimension : elles distraient par un récit plaisant, et elles instruisent par le biais des leçons que l'on peut tirer du récit et de la moralité. La Fontaine, qui assure le succès du genre au XVIIe siècle, explique dans ses préfaces que son but est toujours de plaire et d'instruire. Il met souvent en scène les rapports des plus faibles et des puissants, comme dans cette fable du livre VIII de son recueil. Ainsi, « Les Obsèques de la Lionne » propose d'une part un récit (celui d'un Cerf accusé devant le Roi Lion et sa cour servile), d'autre part des commentaires du fabuliste qui insiste sur les leçons du récit. Nous verrons donc d'abord comment dans cette fable le récit propose une vision critique de la cour, puis nous observerons les interventions directes du fabuliste, et leur portée critique.

Observons dans un premier temps comment cette fable critique la cour à travers le récit que propose le fabuliste. Ceci est sensible dès le début de la fable, qui présente un événement initial (la mort de la Lionne) qui lance l'histoire. Qu'apprend-on par ce premier vers ? Il s'agit d'une fable, où les animaux sont personnifiés, dans le cadre d'un récit au passé (ici au passé simple : « la femme du Lion mourut »). De plus, on nous indique que le Lion sera au centre de l'histoire, puisque c'est la périphrase « la femme du Lion » et non le terme lionne qui est utilisé. Et nous savons que dans les fables, le Lion (avec une majuscule et mis en valeur par la diérèse dans l'octosyllabe) représente le roi des animaux. Les deux points indiquent que la suite de la fable va développer les conséquences de cette situation initiale. De fait, les deuxième et troisième vers donnent de nouvelles indications qui complètent la situation : nous voyons que face à ce

Analyse du commentaire rédigé

Introduction générale

On commence par situer le texte, en donnant quelques indications sur l'auteur (si on le connaît), sur le mouvement littéraire auquel il se rattache, ou en utilisant les indications qui sont proposées avant le texte. On utilise ici ce que l'on sait sur l'objet d'étude « l'argumentation ».

On présente ainsi le texte lui-même, en en résumant rapidement le contenu, puis en indiquant le point essentiel, le problème central qui est ici traité. On note que les différentes étapes de l'introduction sont soigneusement mises en valeur par des mots de liaison (Ainsi...)

Enfin, on reformule les deux questions auxquelles on nous demande de répondre dans le parcours de lecture (on indique ainsi la composition du devoir : « Nous verrons donc d'abord... puis nous observerons »).

La fable propose en effet un récit qui met en scène l'univers de la cour devant un lecteur qui devient complice au fil de la narration.

Réponse à la première question

On prend soin de distinguer typographiquement les étapes du devoir en sautant une ligne après l'introduction et entre chaque réponse.

Puis on présente la question que l'on va traiter.

Rédaction du premier paragraphe

Tout paragraphe doit être composé ainsi :

– idée directrice du paragraphe ;

– on introduit l'exemple qui permet de soutenir l'idée et on le cite, en l'insérant soigneusement dans le cours de la rédaction (c'est la périphrase « la femme du lion ») ;

– on analyse ensuite cet exemple tiré du texte, en indiquant bien la démarche logique que l'on suit par des mots de liaison (« de plus ») ;

triste événement, c'est la réaction sociale qui prime (et non la douleur intime du Lion). Le Lion est alors clairement désigné comme « le Prince », vers qui tout converge : « Aussitôt [mis en valeur en tête de vers] chacun accourut. » Il semble qu'il s'agisse d'une réaction presque mécanique, comme le montre la rime « mourut »/« accourut », qui n'est pas motivée par un sentiment de compassion, mais qui est conçue comme une obligation sociale. Le verbe « s'acquitter » et la désignation du Lion comme « le Prince » sont significatifs. Le troisième vers met en scène les formules de politesses des courtisans vis-à-vis du Prince : la formule, mise en valeur par l'enjambement et la diérèse sur « consolation », souligne le caractère très grandiloquent, formaliste de ces formules de politesse. On comprend bien alors que le but des courtisans n'est pas du tout de consoler réellement le Prince, mais de mettre leur zèle en valeur.

Les obsèques représentent alors un moment particulier, qui met bien en valeur le jeu social. Tout d'abord, la préparation de la cérémonie est l'occasion pour le prince d'affirmer sa puissance. Le vers 6 : « Il fit avertir sa province » souligne bien que c'est un événement public auquel tout le pays est obligé d'assister (sa Province signifiant son pays). Les gens y sont en quelque sorte convoqués comme le montre le groupe binaire « un tel jour, en tel lieu ». Il s'agit d'une cérémonie très codifiée (« ses Prévôts [officiers de paix] y seraient/ Pour régler la cérémonie » avec enjambement), où chacun trouvera sa place, c'est-à-dire la place que le roi juge bon de lui donner. « Régler » et « placer » soulignent que nous sommes dans un univers où tout s'ordonne en fonction du regard du roi. C'est pourquoi le fabuliste peut prendre alors la parole pour introduire une complicité avec le lecteur : « Jugez si chacun s'y trouva », dans le sens de « vous imaginez bien que chacun accourut face à cette convocation du Prince… ». Le Prince fait de sa douleur un spectacle public (« Le Prince aux cris s'abandonna ») que le fabuliste présente ironiquement, puisqu'il rappelle à cette occasion le jeu de l'animalisation, qui n'avait pas été rappelée depuis le premier vers : « Et tout son antre en résonna./ Les Lions n'ont point d'autres temples ». De plus, le fait

– on n'hésite pas à rappeler ses connaissances sur l'argumentation, puisqu'il s'agit d'un des objets d'étude obligatoires en classe de première.

On passe à la ligne quand le paragraphe est terminé, avant de passer au second paragraphe. La construction du devoir doit être typographiquement perceptible.

Deuxième paragraphe

Il est construit sur le même modèle, et on n'oublie pas de faire une transition entre les deux paragraphes, en proposant une articulation logique (« alors »).

On cite toujours soigneusement le texte, en insérant les citations, toujours entre guillemets.

On analyse l'effet que produisent les éléments que l'on a cités.

Ici, différents exemples sont proposés, comparés et toujours analysés.

On constate que les citations peuvent être présentées entre parenthèses, à condition que celles-ci s'introduisent harmonieusement dans la phrase, et à condition de ne pas abuser du procédé.

Il convient aussi de faire des remarques sur la forme que l'auteur a donnée à son texte pour mettre en valeur ses idées : ainsi, on relève ici les groupes binaires (deux termes qui fonctionnent en l'un par rapport à l'autre, se mettant mutuellement en valeur comme « un tel jour, en tel lieu »), les diérèses…

Remarquons qu'il s'agit d'une fable en vers : il est donc très important d'analyser cette dimension spécifique, en observant la longueur des vers (essentielle chez La Fontaine qui utilise des mètres variés), les enjambements, les rimes, etc.

de rappeler que tout cela se passe dans un « antre » souligne la brutalité des rapports de force, sous couleur d'un ordre parfait. De même « Les Lions n'ont point d'autre Temple » signifie que cette cérémonie religieuse est en fait l'occasion pour un animal féroce de manifester sa force. D'ailleurs les courtisans sont tout à fait conscients d'être face à un maître absolu qu'il faut contenter à tout prix, et donc imiter : « On entendit à son exemple/Rugir en leurs patois Messieurs les Courtisans » (les courtisans, qui se prennent au sérieux comme le montre le « Messieurs », sont réduits à l'état d'animaux grotesques, qui « rugissent en leurs patois » comme des nobles de province mal dégrossis). De plus, l'expression « à son exemple » signale bien le manque de spontanéité de ces plaintes, qui sont uniquement des démonstrations pour plaire au prince.

Observons enfin le sort d'un animal particulier, le cerf, opposé aux autres animaux et qui va s'avérer être le héros de l'histoire. À ce stade, le lecteur est devenu entièrement complice du narrateur : le récit est devenu la préoccupation commune du locuteur et destinataire : l'expression « Pour revenir à notre affaire » le signale bien. De plus, nous devenons aussi complices du personnage mis en scène ici, le cerf, que l'on n'envisage pas de façon ironique comme les autres, mais avec émotion. Tout d'abord, il est seul, défini en antithèse par rapport aux autres : « Le cerf ne pleura point » (opposé à « Messieurs les courtisans » qui se lamentent comme le prince). Ensuite, le narrateur prend parti pour lui par son intervention : « comment eût-il pu faire ?/Cette mort le vengeait ;/ la Reine avait jadis/ Étrangle sa femme et son fils. ». La violence est mise en valeur dans un vers plus court, un octosyllabe, mais aussi par le rappel de la métaphore animale : on apprend à cette occasion que la Reine était du même tempérament que le Lion, et la justice n'est pas faite à la cour. La sobriété de la réaction du cerf (opposée aux démonstrations hyperboliques des courtisans) semble indiquer la sincérité de sa douleur, que personne ne plaint et qui n'a pas besoin de cérémonie pour s'exprimer (c'est le sens de « bref » : ne nous étalons pas sur une douleur sincère qui sait rester digne et discrète). L'expression

Troisième paragraphe

On note toujours la présence au début du paragraphe d'une phrase qui fait la transition avec ce qui précède, et qui permet aussi d'annoncer ce que l'on va traiter par la suite. Cette transition se présente ici sous la forme « Observons enfin... ».

Les exemples tirés du texte, cités et soigneusement insérés, sont toujours suivis d'une analyse.

On note à ce propos que le texte doit être observé très précisément, et que l'on met en valeur les différents procédés qui permettent au narrateur de soutenir l'idée : ici, on observe les différents moyens de la généralisation (on, présent de vérité générale, etc.). On voit bien que le travail de relevé préparatoire est indispensable pour pouvoir mener à bien la rédaction.

À l'intérieur du paragraphe, les différentes analyses doivent aussi être articulées (« Enfin, étape essentielle... »). Nous notons encore que chaque fois que l'on avance une nouvelle idée, il faut montrer comment on la trouve dans le texte.

« Il ne pleura point » quand elle est répétée pour la 2e fois prend toute sa valeur, et le lecteur comprend qu'elle est pleinement justifiée.

Enfin, étape essentielle et frappante pour le lecteur, le cerf est mis en accusation. En effet, ce cerf sincère se trouve dans un cadre que le narrateur a défini plus haut, où tous veulent acquérir les bonnes grâces du monarque. C'est ce qui explique la dénonciation du cerf par un « flatteur », qui amplifie son crime (« Et soutint qu'il l'avait vu rire ») : pour flatter le roi, un des moyens les plus efficaces est de faire semblant d'être dévoué en dénonçant ceux qui ne lui obéissent pas, quitte à mentir. Le narrateur nous présente alors la colère du souverain avec une pointe d'ironie : il fait référence au « roi Lion » des fables, qui devrait avoir une certaine dignité, et qui est profondément injuste ici. Ironiquement, il souligne que toutes ces références n'ont pas servi au cerf qui lit peu : en fait, elles ne servent à rien parce que le roi en question est un mauvais roi (« Mais ce cerf n'avait pas accoutumé de lire »). La fable propose alors un dialogue entre le Lion et le Cerf, qui rend plus vivant le récit. Le discours du Lion est significatif : le cerf n'est pas invité par le « monarque » à se justifier, il est méprisé, « Chétif hôte des bois ». Le ton du Lion est très ampoulé : il tutoie le Cerf et parle de lui-même en employant le nous de majesté (« Nous n'appliquerons point… »). Son registre de langue se veut élevé avec des expressions telles que « tes membres profanes » (opposés à la personne sacrée du lion, avec l'expression « nos sacrés ongles »), « ses augustes mânes », ou le groupe ternaire en crescendo : « venez Loups,/ Vengez la Reine, immolez tous/Ce traître… » (la Reine devient sacrée et le Cerf aurait commis un sacrilège, souligné par l'allitération en *v* et les assonances en *é* et *ou*). Le roi lui reproche donc de ne pas suivre (« Tu ne suis pas… ») et d'être un rebelle. Le sort du Cerf semble donc être scellé ! On attend avec impatience sa réponse. Celle-ci est habile, réplique exacte de celle du Lion : « Le temps des pleurs/est passé » (mis en valeur par l'enjambement) et « la douleur est ici superflue » (avec la redondance) reprend « gémissantes voix », la référence à la Reine sacrée est reprise avec « Votre digne moitié couchée entre des fleurs » (allusion

Quatrième paragraphe

On montre bien comment notre raisonnement progresse tout au long du devoir, en s'appuyant soigneusement sur les analyses et sur les conclusions que l'on a tirées plus haut (allusion ici au cadre que le narrateur a défini).

On n'oublie pas qu'il s'agit ici d'un discours narratif : le narrateur est toujours présent et choisit un ton particulier qu'il faut analyser. C'est pourquoi on parle ici de l'ironie.

On utilise ici sa connaissance des procédés qui animent le récit : le recours au dialogue dans ce cas, avec l'analyse du discours des deux animaux.

On évite la paraphrase : il ne s'agit pas de raconter le texte, mais de l'analyser. C'est ici en particulier l'occasion d'analyser le style du lion tel que La Fontaine le met en scène. Il convient alors de mettre les différents effets du texte en parallèle, en comparant ici le style du lion et celui du cerf.

Il faut bien mettre l'accent sur les effets attendus auprès du lecteur, que le fabuliste constitue ici en complice. Pensons toujours que l'auteur écrit pour un destinataire, le lecteur !

Les procédés stylistiques sont toujours évoqués (ici la redondance) pour montrer comment ils sont au service du sens.

On veille à insérer les citations tout au long du devoir.

au Paradis). Le Cerf fait d'ailleurs parler la Reine elle-même, quasiment sanctifiée (par les expressions « Quand je vais chez les Dieux », « ceux qui sont saints comme moi »). Ainsi le cerf explique de façon indirecte que, loin d'être un rebelle, il fait preuve d'obéissance vis-à-vis de la Reine, qui lui interdit de pleurer : « garde que ce convoi [...] ne t'oblige à des larmes ». Le Cerf, méprisé par le Roi, se présente alors comme un privilégié à qui une sainte est apparue, qui l'a appelé « ami ». C'est pourquoi ce discours est un succès ! L'habileté du discours du Cerf se manifeste bien dans le renversement de situation (« Le Cerf eut un présent, bien loin d'être puni »). Le succès de ce discours montre aussi combien le Roi et les gens de cour (rassemblés dans le « on ») sont superficiels : ils réagissent sans prendre le temps de la réflexion (comme le montre « À peine on eut ouï la chose »), qui leur aurait permis de trouver étrange que la Reine traite en ami celui dont elle a tué la femme et le fils. Leur réaction est grandiloquente et exagérée : « on se mit à crier : Miracle, apothéose ! » (l'apothéose étant une divinisation des rois). La rapidité de la chute en deux vers montre bien que tout est dit.

Le récit nous transmet donc une leçon sur l'univers de la cour (pleine de courtisans flatteurs), les rois injustes (à qui il faut mentir en les flattant pour survivre). La personnification des animaux dans un récit vif introduit une distance critique qui nous permet de trouver distrayante cette triste leçon.

Cette dimension est bien soulignée par les interventions du fabuliste moraliste, qui interrompt le récit, pour expliquer quelle est sa vision du comportement des hommes.

Observons tout d'abord son commentaire sur la cour. En effet, le fabuliste opère une première pause dans son récit pour s'attarder sur un point qu'a déjà mis en lumière le récit : ce que sont les gens à la

On souligne encore une fois la logique des enchaînements que propose le récit, construit comme une démonstration qui permet de véhiculer la critique. Les phrases de transition telles que « c'est pourquoi ce discours est un succès » sont donc essentielles pour montrer que l'on a compris la logique du texte.

On note que l'on progresse dans la signification du texte : on en arrive à la partie la plus subtile de la leçon. On a donc construit un raisonnement.

Transition

Entre la première et la deuxième question, on fait une transition, c'est-à-dire un bilan de la première question et une ouverture vers la seconde question que l'on va aborder : il s'agit de montrer que l'on construit le devoir logiquement.

Il faut prendre soin de sauter une ligne entre les deux réponses, de manière à mettre en valeur typographiquement la composition du devoir.

Réponse à la deuxième question, c'est-à-dire deuxième partie du devoir.

Annonce de l'idée directrice de cette partie : on note à ce propos qu'il faut avoir soigneusement élaboré un plan avant de passer à la rédaction.

On ne peut pas rédiger et chercher les exemples en même temps : le travail de relevé des éléments doit se faire auparavant.

cour, c'est-à-dire, plus généralement, ce que sont les êtres placés sous le regard d'un maître. Le fabuliste quitte alors radicalement le récit, pour prendre en charge le discours. Les indices de l'énonciation le montrent : les indices de la personne (« je »), les indices de temps (« Je définis », présent d'énonciation), les indices des jugements (les gens sont « prêts à tout, à tout indifférents », les gens « sont de simples ressorts »). Le ton est donc beaucoup moins léger (dans la forme) que dans le récit : il ne s'agit plus d'amuser les hommes, mais de leur montrer ce qu'ils sont parfois. Pourquoi cette intervention ? C'est une façon de toucher le lecteur par un autre biais : après le discours narratif, vient le discours explicatif, qui expose la vision de la cour. Or quelle est cette vision ? Il s'agit d'un constat (on le voit par le verbe définir) pessimiste sur les courtisans, fait au présent de vérité générale. La cour est un univers particulier (un « pays ») où tous sont sous le regard du prince, « sont ce qu'il plaît au prince », soumis à ses désirs. Ils sont « tristes, gais » : le jeu des antithèses montre qu'ils peuvent passer d'un état à un autre pour plaire, donc « prêts à tout ». Ils sont « à tout indifférent » : ceci les rend insensibles à tout autre chose que le désir de plaire au prince. L'accumulation met bien en lumière les caractéristiques de ces gens, caractéristiques expliquées par la chute « sont ce qu'il plaît au prince ». C'est donc le contact avec le pouvoir qui rend « prêt à tout ». Les courtisans perdent toute personnalité, comme le soulignent les métaphores « Peuple caméléon, peuple singe du maître » (les deux expressions étant mises en valeur dans les deux hémistiches), et la comparaison (« On dirait qu'un esprit anime mille corps »). Les gens y perdent leur esprit, ne sont plus que des mécaniques (« C'est bien là que les gens sont de simples ressorts »). Un autre thème intervient aussi, celui du paraître : « ou s'ils ne peuvent l'être,/ Tâchent au moins de la paraître » : toute sincérité s'abolit au contact du pouvoir. Tout n'est qu'une vaste comédie. Il s'agit du regard du moraliste (dans le sens où le XVIIe siècle l'emploie) : sans trop d'illusion sur la capacité de son discours à corriger les hommes, il dresse un tableau des mœurs de son temps.

Les mots de liaison doivent être nombreux, pour bien montrer la progression du devoir.

Les remarques que l'on peut faire sur la forme du texte ne servent que si elles permettent de comprendre l'idée que l'auteur veut faire passer.

Nous avons ici le relevé du champ lexical de la soumission. Le relevé d'expressions, de champs lexicaux, doit toujours servir à montrer quelle est la signification du texte. Si ce n'est pas le cas, il est inutile de les introduire. Ici, on montre que le narrateur, par ce champ lexical, souligne quelle est l'attitude des gens de cour, qui perdent toute personnalité.

On fait remarquer ici que le vers est séparé en deux hémistiches : il est absolument inutile de dire qu'il y a en soi des hémistiches dans le texte, si on ne montre pas que cette structure à un moment particulier est porteuse de signification.

On s'attend à l'examen à ce que l'élève connaisse La Fontaine, grand fabuliste : c'est alors le moment de montrer ses connaissances, à bon escient.

On finit le paragraphe en faisant un bilan partiel, qui permet de souligner la logique de la progression du commentaire.

Le fabuliste emploie donc là aussi des moyens pour emporter l'adhésion de son lecteur, et le persuader que les courtisans se résument à cela. S'il abandonne le récit, il séduit son lecteur par des métaphores, des comparaisons imagées pour illustrer sa thèse. Mais ce n'est pas le seul moment où il intervient…

De fait, le fabuliste intervient à nouveau à la fin de son récit, ce qui est traditionnel dans une fable : c'est la moralité. Celle-ci s'adresse explicitement au lecteur (avec l'impératif « Amusez »). Elle reprend ce que nous avons observé dans le récit, en l'explicitant : les rois aiment qu'on leur dise des mensonges agréables, et celui qui les dit est sûr de réussir (c'est exactement ce qu'a fait le Cerf lorsqu'il a inventé l'histoire de la Lionne au paradis). Pourquoi redire la même chose dans la moralité sous une autre forme ? C'est une façon de frapper le lecteur d'une autre manière : le ton est ici assez ironique vis-à-vis du pouvoir (il faut « amuser » les rois comme des enfants ; les rois sont ici les dupes qui, pour des flatteries et des mensonges « gobe-ront l'appât »). Les trois impératifs (rythme ternaire) donnent au lecteur la possibilité d'agir, de sortir de la situation du courtisan humilié : ce sont trois verbes d'action, qui montrent que quelque chose est possible pour éviter d'être écrasé par un pouvoir injuste. Il faut savoir manipuler le langage, raconter des « fables » (au sens de fictions). À la fin de la moralité, le lecteur aperçoit la possibilité de se retrouver « ami » du souverain, comme le Cerf.

Le fabuliste ici emploie donc plusieurs moyens pour emporter l'adhésion du lecteur : le discours narratif et le discours argumentatif sont employés tous les deux pour nous convaincre et nous persuader. La fable conseille donc d'user de ruse dans ses rapports avec le pouvoir. La leçon sur les courtisans qui ne sont jamais francs est proche de celle de Montaigne. Mais globalement la vision est plus pessimiste : Montaigne conseillait de rester un peu à distance du pouvoir ; La Fontaine constate qu'il est difficile de rester à distance (on est convoqué), et qu'il faut donc forcément ruser. La franchise dans ces circonstances est impossible.

Deuxième paragraphe de la deuxième réponse

On remarque de nouveau qu'il faut accorder un soin particulier aux transitions, qui permettent de passer harmonieusement d'un paragraphe à l'autre. Il faut montrer que le devoir a une cohérence, qu'on ne juxtapose pas les remarques, mais qu'on organise le tout.

Là aussi, l'expression de liaison (« pourquoi redire... ») est utile pour montrer que l'on a bien compris comment se construit l'argumentation du narrateur. Le commentaire doit se présenter comme une démonstration.

C'est toujours pour souligner l'évolution de la pensée de l'auteur que l'on cite le vocabulaire et les effets de style (comme le rythme ternaire).

On indique par le connecteur logique que l'on aborde la dernière étape du raisonnement, dans le dernier paragraphe.

Conclusion

À la fin du devoir, on fait un bilan général, qui résume rapidement ce que l'on tire du texte.

On peut aussi proposer une ouverture qui oriente la réflexion sur un autre texte similaire par exemple, ou sur le mouvement culturel de l'époque.

DEUXIÈME PARTIE

Sujets traités par objet d'étude

1 Commenter un texte romanesque

Le commentaire d'un texte romanesque s'inscrit principalement dans le cadre de l'objet d'étude « Le roman et ses personnages : visions de l'homme et du monde », commun aux classes de première de toutes les séries générales et technologiques.

Avant d'appliquer la méthode du commentaire, nous rappellerons les notions spécifiques à cet objet d'étude.

Selon les instructions officielles :

> À partir des questions que soulève l'étude des personnages, il s'agira d'aborder le roman comme une forme littéraire privilégiée de représentation de l'homme et du monde. En situant une œuvre dans son contexte littéraire, historique et culturel, on s'interrogera sur l'évolution du genre romanesque.
>
> BO n° 40 du 2 novembre 2006.

QUELQUES REPÈRES HISTORIQUES ESSENTIELS POUR L'ANALYSE

Le roman est une œuvre d'imagination qui présente et fait vivre dans un milieu des personnages, fait connaître leur psychologie, leur destin, leur aventure.

Les instructions officielles précisent que le candidat doit savoir situer une œuvre dans son contexte, et avoir quelques connaissances sur l'évolution du genre romanesque. Il est donc nécessaire de posséder des repères simples en histoire littéraire pour étudier les caractéristiques du personnage romanesque.

Les origines du roman au Moyen Âge

Dès le XIIe siècle en Europe, des œuvres sont écrites dans une langue dérivée du latin — la *lingua romana*, appelée dans la moitié nord de la France le *romanz*. C'est ainsi que naît un genre nouveau, le roman (appelé ainsi en référence à la langue dans laquelle il est écrit), long récit en langue populaire, le plus souvent en vers. S'opposant au récit de l'épopée, qui se centre sur les événements guerriers, le roman évoque plutôt l'intimité des personnages. À partir du XIIIe siècle, les romans en prose apparaissent progressivement.

La naissance du roman moderne au XVIIe siècle

Le roman dans sa forme moderne naît au XVIIe siècle : les auteurs font porter leurs réflexions sur le genre romanesque, s'interrogeant sur le traitement de l'illusion romanesque (quelle vraisemblance l'auteur donne-t-il à son récit ? comment le roman se distingue-t-il de l'essai, de l'épopée… ?) et sur l'analyse psychologique (comment mettre en scène l'intimité des personnages ?).

Au début du XVIIe siècle, une œuvre majeure apparaît qui marque toute la littérature de la première moitié du XVIIe siècle : *Don Quichotte* de l'Espagnol Cervantès, qui tourne en dérision les valeurs héroïques, en retraçant les mésaventures d'un chevalier idéaliste au sein de la réalité quotidienne. Il est accompagné partout de son valet, Sancho Pança, qui incarne le bon sens trivial.

En France, le roman intitulé *L'Astrée*, qui met en scène les aventures amoureuses d'un berger et d'une bergère, est un immense succès au début du XVIIe siècle : Honoré d'Urfé crée un monde idéal, où évoluent des personnages aux sentiments élevés (ils renvoient à la tradition antique des bergers qui vivent dans un monde où l'amour est une valeur essentielle : c'est le genre pastoral). Les romans de ce genre s'appellent des romans précieux.

En opposition à ce genre, apparaît une série de romans satiriques (qui tournent en dérision les romans héroïques et pastoraux) et bourgeois (qui ne mettent plus en scène uniquement les nobles), comme *Le Roman comique* de Scarron par exemple (qui met en scène les aventures d'une troupe de comédiens faisant une tournée en province).

Dans les dernières années du XVIIe siècle, le roman connaît une mutation, en réaction aux excès des longs romans de la période précédente : l'intrigue se concentre sur les sentiments, et le ton gagne en noblesse. C'est ce que l'on appelle le roman classique. Ainsi, Mme de Lafayette, avec *La Princesse de Clèves*, met en scène les déchirements de son héroïne : c'est le moment où l'analyse psychologique devient essentielle dans le roman.

La variété des formes romanesques au XVIIIe siècle

Le XVIIIe siècle voit naître une abondante production romanesque. Plusieurs tendances apparaissent.

Le roman picaresque espagnol, qui retrace les aventures d'un héros de condition très modeste au sein d'une société où il cherche sa place, exerce son influence sur le roman français, par exemple dans *Gil Blas de Santillane*, de Lesage en 1724.

Le roman se centre par ailleurs sur les aventures sentimentales d'un héros ou d'une héroïne dont le lecteur suit l'évolution (Marivaux, *La Vie de Marianne*, 1726). Leur recherche du bonheur et d'une forme de liberté est tout à fait typique du XVIIIe siècle.

Le roman est aussi l'occasion, en ce siècle des Lumières, d'exprimer des idées, de contester les valeurs établies. C'est souvent le cas des romans épistolaires (Choderlos de Laclos, *Les Liaisons dangereuses*, 1782).

Enfin, le roman peut être l'occasion de jouer avec le lecteur en remettant en cause le romanesque (Diderot, *Jacques le Fataliste*, 1778).

Le XIXe siècle, grand siècle du roman

À la fin du XVIIIe siècle et au début du XIXe siècle un nouveau mouvement littéraire et culturel apparaît, le romantisme, qui influence très profondément le roman, avec des auteurs comme Mme de Staël, Chateaubriand, Hugo, Dumas (qui pratique le roman historique), Sand. Les romans placent alors souvent le héros face à l'histoire, face à une société qui écrase ou exclut l'individu.

Les romans d'apprentissage mettent en scène des jeunes gens cherchant à se faire une place dans la société de leur époque, en pleine mutation. Stendhal dans *Le Rouge et le Noir* (1830) met en scène Julien Sorel ; on suit l'évolution de Rastignac dans *Le Père Goriot* (1835) de Balzac.

Au milieu du siècle apparaît le courant réaliste : il s'agit de mettre en scène la société du XIXe siècle et les différents types d'individus qui la composent. C'est l'ambition de Balzac dans *La Comédie humaine*, titre du vaste ensemble où il rassemble toute son œuvre. Le romancier est aussi alors « docteur en sciences sociales » selon les mots de Balzac.

À la fin du siècle, le roman naturaliste de Zola met l'accent sur les déterminismes physiques et sociaux qui façonnent les êtres. Les personnages représentent tous les milieux et sont l'occasion d'étudier un cadre social particulier (*Germinal* en 1885 explore l'univers de la mine). Maupassant s'inscrit aussi dans la même ligne.

Le renouvellement du personnage romanesque au XXe siècle

Le roman prend des formes très variées au cours du siècle, évoluant d'un certain conformisme à un renouvellement radical du genre.

Les romans du début du siècle restent conformes à l'idée que l'on se fait du roman à la fin du XIXe siècle : il faut rendre compte du réel, analyser le moi et la société.

Par réaction à ce type de roman, les grands romans du début du XXe siècle mettent l'accent sur la vision subjective du héros, parfois sous la forme d'un monologue intérieur (comme chez les romanciers anglo-saxons, Virginia Woolf par exemple). Marcel Proust, avec *À la recherche du temps perdu*, propose ainsi une nouvelle conception du roman : il ne s'agit plus de construire un roman réaliste, mais de proposer une vision artistique du réel, l'art donnant accès à la vraie vie. On suit donc l'évolution d'un narrateur, à travers les yeux de qui nous découvrons une réalité comique et poétique.

Les grands événements historiques et, entre autres, les deux guerres mondiales sont aussi envisagés à travers le regard des personnages. Céline, dans *Voyage au bout de la nuit*, invente lui aussi une nouvelle langue romanesque, inspirée du langage parlé, pour mettre en scène une société sombre, rongée par la violence et l'exploitation. L'écriture veut provoquer l'émotion, et choquer le lecteur par son aspect subversif. Les héros d'André Malraux dans *La Condition humaine* (1933) se débattent au travers d'événements tragiques et s'engagent dans l'action.

Enfin, le roman reste un espace de liberté et de fantaisie, où s'expriment des tendances très variées (Marcel Aymé et sa fantaisie comique, Giono et sa célébration de la nature, Colette...). Gide, lui, s'amuse avec les codes du romanesque et invite le lecteur à construire le roman avec lui, comme dans *Les Faux-Monnayeurs*.

Dans la seconde moitié du siècle, s'élabore une autre vision du romanesque, qui remet en cause une nouvelle fois la conception du roman, et en particulier le personnage romanesque. Le « Nouveau Roman » cherche à rompre avec la conception classique du roman en remettant en cause l'intrigue, le personnage, l'analyse psychologique. Les auteurs qui se rattachent à ce courant sont Robbe-Grillet, Sarraute, Butor, Duras.

Enfin, la littérature se centre sur le moi à travers des récits de forme autobiographique (Perec, *W. ou le Souvenir d'enfance*, Yourcenar, *Souvenirs pieux*, Sarraute, *Enfance*...), où les frontières entre les genres ont tendance à s'effacer (l'autobiographie et le roman se mêlent par exemple dans l'autofiction).

LES NOTIONS CLÉS POUR ANALYSER UN TEXTE ROMANESQUE

Qu'est-ce qu'un récit ?

Le genre romanesque est caractérisé par le discours narratif : un narrateur prend en charge le *compte rendu* d'une histoire. Le récit est la façon particulière (ce qu'on appelle la narration) que choisit ce narrateur pour rapporter cette histoire.

Qui raconte ?

N'oublions pas qu'il faut distinguer la personne réelle qu'est l'auteur du narrateur mis en place dans le roman.

Tout récit est pris en charge par un narrateur, dont la place varie dans le roman.

Le narrateur peut raconter une histoire d'où il est absent, et les événements semblent se raconter d'eux-mêmes. Par exemple, le narrateur de *L'Assommoir* raconte les aventures de Gervaise sans être présent explicitement dans le récit.

Le narrateur peut raconter une histoire où il est présent, par exemple Gil Blas raconte sa vie dans le roman de Lesage.

Il est fondamental de savoir qui raconte pour comprendre la façon dont est racontée l'histoire. C'est le problème du point de vue : où se situe le narrateur qui raconte les événements ? Soit il est omniscient, sachant tout sur tout (Balzac dans *La Comédie humaine*) : il s'agit alors d'une focalisation zéro, puisqu'il est impossible de situer le narrateur à un endroit précis. Soit il adopte un point de vue externe, et il n'est que le simple témoin de la scène : c'est alors une focalisation externe (Hugo dans *Quatre-vingt-treize* met en scène un narrateur qui observe l'arrière-salle d'un café parisien, où se trouvent trois personnages dont le nom est révélé à la fin de cette description, Marat, Robespierre, Danton). Soit on voit la scène à travers les yeux d'un personnage : c'est une focalisation interne (Julien Sorel dans *Le Rouge et le Noir* de Stendhal est découvert à travers les yeux de Mme de Rênal qui le prend pour une jeune fille éplorée).

Cela nous permet de percevoir la façon dont le personnage perçoit la situation, de façon vivante ou émouvante.

Comment le récit est-il mis en œuvre ?

Le narrateur place son lecteur dans une situation spatio-temporelle particulière, qu'il convient d'étudier. Elle est plus ou moins précise : dans *Splendeurs et misères des courtisanes* de Balzac, le narrateur situe précisément ses personnages dans plusieurs milieux parisiens, soigneusement définis : le bagne, les demeures de la haute aristocratie, les hôtels particuliers des courtisanes. Des repères temporels précis sont proposés : dès la première ligne, nous savons que nous sommes en 1824, « au dernier bal de l'opéra ». C'est à cette occasion que le narrateur introduit des descriptions extrêmement complètes : ainsi la prison de la Conciergerie est décrite dans tous ses détails.

Ce narrateur met aussi en place une structure particulière pour son récit et des personnages. C'est entre la situation initiale et la situation finale que le récit prend tout son sens. Le récit met d'abord en place tous les éléments qui amorcent une histoire ; un certain nombre de péripéties, d'événements perturbateurs vont retarder ou faire avancer l'action vers une situation finale qui en est la résolution.

Comment étudier le personnage romanesque ?

Le personnage romanesque est caractérisé par un certain nombre d'éléments qui permettent au lecteur de l'identifier : l'auteur lui donne un nom, fait son portrait, explique quelles sont ses pensées, son langage et le situe éventuellement dans un milieu donné. Cela produit un effet de réel : le lecteur a l'illusion qu'il s'agit d'un être réel.

Le lecteur prend connaissance du personnage par le biais du portrait. Il peut s'agir d'un portrait statique : le discours narratif s'arrête alors temporairement pour laisser place au discours descriptif qui permet de peindre le physique d'un personnage. Ce portrait physique peut être accompagné d'un portrait moral. Il peut aussi s'agir d'un portrait en action : le narrateur présente les actions, les attitudes du personnage, ainsi défini.

Le narrateur fait aussi exister le personnage en le faisant parler, soit par le biais d'un dialogue, soit sous la forme de paroles rapportées. Le langage permet d'indiquer le milieu social du personnage, mais aussi son caractère.

Le personnage est également défini par le cadre dans lequel le place le narrateur : il permet de situer historiquement et socialement le personnage. Par ailleurs, le milieu où vit le personnage est le reflet de celui qui l'habite d'après les romanciers réalistes, les individus étant modelés par leur cadre de vie. Enfin, le personnage réagit au cadre qui l'entoure, ce qui permet une fois de plus de le définir.

Comment identifier la vision du monde que propose l'auteur ?

Les programmes insistent sur le fait que l'analyse des « modes d'insertion du personnage dans l'univers romanesque est un lieu d'observation privilégié pour tenter de cerner la vision de l'homme et du monde que construit le roman » (*Documents d'accompagnement aux programmes de Français*, Eduscol, novembre 2006).

En effet, même si le romancier met en scène des locuteurs qu'il ne faut pas confondre avec lui, la façon dont il considère la société se reflète dans son œuvre. À travers une œuvre romanesque, on perçoit donc, de façon plus ou moins explicite (parfois l'auteur dissimule volontairement ou involontairement ses positions), la vision du monde du romancier.

Le roman reflète l'imaginaire de l'auteur. Chaque romancier a une vision particulière du monde et des rapports humains qui se reflète dans son œuvre romanesque. Ainsi, on retrouve dans de nombreuses œuvres de George Sand des personnages féminins au caractère fort, qui ne se cantonnent pas aux rôles habituellement dévolus aux femmes, et qui vont gagner l'admiration des hommes (dans *Mauprat* ou *Consuelo* par exemple).

Le roman témoigne aussi de la façon dont l'auteur perçoit la société autour de lui, et la façon dont il la représente dans son roman. Les personnages sont l'occasion pour le narrateur omniscient de prendre position. Ainsi, Balzac dans *Les Chouans* met en scène la société de l'Ancien Régime à travers une galerie de personnages, dont un jeune noble héroïque. Mais il introduit une critique sous-jacente de cette société dans son roman, en soulignant çà et là combien ces partisans de l'Ancien Régime sont dépassés : les femmes poudrées paraissent d'un autre temps face à l'espionne du parti révolutionnaire.

SUJET 3 (séries générales)

Objet d'étude : le roman et ses personnages : visions de l'homme et du monde.

Éléments traités : travail préliminaire, plan, rédaction partielle du commentaire.

TEXTE

Honoré de Balzac, *La Cousine Bette*, incipit (1846).

[Il s'agit ici des premières pages du roman.]

Vers le milieu du mois de juillet de l'année 1838, une de ces voitures nouvellement mises en circulation sur les places de Paris et nommées des milords cheminait, rue de l'Université, portant un gros homme de taille moyenne, en uniforme de capitaine de la garde nationale.

Dans le nombre de ces Parisiens accusés d'être si spirituels, il s'en trouve qui se croient infiniment mieux en uniforme que dans leurs habits ordinaires, et qui supposent chez les femmes des goûts assez dépravés pour imaginer qu'elles seront favorablement impressionnées à l'aspect d'un bonnet à poil et par le harnais militaire.

La physionomie de ce capitaine appartenant à la 2e légion respirait un contentement de lui-même qui faisait resplendir son teint rougeaud et sa figure passablement joufflue. À cette auréole que la richesse acquise dans le commerce met au front des boutiquiers retirés, on devinait l'un des élus de Paris, au moins ancien adjoint de son arrondissement. Aussi, croyez que le ruban de la Légion d'honneur ne manquait pas sur la poitrine, crânement bombée à la prussienne. Campé fièrement dans le coin du milord, cet homme décoré laissait errer son regard sur les passants, qui souvent, à Paris, recueillent ainsi d'agréables sourires adressés à de beaux yeux absents.

Le milord arrêta dans la partie de la rue comprise entre la rue de Bellechasse et la rue de Bourgogne, à la porte d'une grande maison nouvellement bâtie sur une portion de la cour d'un vieil hôtel à jardin. On avait respecté l'hôtel, qui demeurait dans sa forme primitive au fond de la cour diminuée de moitié.

À la manière seulement dont le capitaine accepta les services du cocher pour descendre du milord, on eût reconnu le quinquagénaire. Il y a des gestes dont la franche lourdeur a toute l'indiscrétion d'un acte de naissance. Le capitaine remit son gant jaune à sa main droite, et, sans rien demander au concierge, se dirigea vers le perron du rez-de-chaussée de l'hôtel d'un air qui disait : « Elle est à moi ! »

Les portiers de Paris ont le coup d'œil savant, ils n'arrêtent point les gens décorés, vêtus de bleu, à démarche pesante ; enfin ils connaissent les riches.

Ce rez-de-chaussée était occupé tout entier par M. le baron Hulot d'Érvy, commissaire ordonnateur sous la République, ancien intendant général d'armée, et alors directeur d'une des plus importantes administrations du ministère de la guerre, conseiller d'État, grand officier de la Légion d'honneur, etc., etc.

Ce baron Hulot s'était nommé lui-même d'Érvy, lieu de sa naissance, pour se distinguer de son frère, le célèbre général Hulot, colonel des grenadiers de la garde impériale, que l'empereur avait créé comte de Forzheim, après la campagne de 1809. Le frère aîné, le comte, chargé de prendre soin de son frère cadet, l'avait, par prudence paternelle, placé dans l'administration militaire où, grâce à leurs doubles services, le baron obtint et mérita la faveur de Napoléon. Dès 1807, le baron Hulot était intendant général des armées en Espagne.

Après avoir sonné, le capitaine bourgeois fit de grands efforts pour remettre en place son habit, qui s'était autant retroussé par-derrière que par-devant, poussé par l'action d'un ventre piriforme. Admis aussitôt qu'un domestique en livrée l'eut aperçu, cet homme important et imposant suivit le domestique, qui dit en ouvrant la porte du salon :

— M. Crevel !

En entendant ce nom, admirablement approprié à la tournure de celui qui le portait, une grande femme blonde, très bien conservée, parut avoir reçu comme une commotion électrique et se leva.

Commentaire

Vous commenterez le texte de Balzac extrait de *La Cousine Bette*.

PRÉPARER LE COMMENTAIRE

Lors d'un travail préliminaire, nous nous attacherons à exposer les questions à poser et les connaissances à mobiliser pour étudier cet incipit romanesque.

Notions clés et pistes d'analyse

L'analyse des premières pages d'un roman : l'incipit

Tout roman propose à son lecteur des pistes de lecture, tout d'abord par le titre : *La Cousine Bette*, titre peu utilisable ici, le personnage n'étant pas présent dans cet extrait. On entrevoit cependant que ce roman se passera en partie dans le cadre d'une famille. Mais c'est surtout la première page (ce qu'on appelle *l'incipit* du roman, ses premières lignes) qui plonge le lecteur dans une atmosphère particulière : elle a pour but d'informer, d'intéresser et de proposer un contrat de lecture.

Informer tout d'abord : les premières lignes de *La Cousine Bette* situent précisément le roman dans l'espace et dans le temps (à Paris, en juillet 1838, dans une rue bien définie). L'extrait nous informe sur un personnage, Crevel, en le définissant socialement et psychologiquement. Des informations assez précises nous sont données aussi sur les propriétaires de l'hôtel où entre ce premier personnage :

la situation et la carrière du baron Hulot sont précisées par le narrateur omniscient.

Intéresser ensuite : le lecteur ne sait pas à ce stade ce que ce personnage vaniteux vient faire dans l'hôtel particulier des Hulot, mais la curiosité est éveillée par l'attitude conquérante du parvenu, ainsi que par la réaction vive de la grande femme blonde dont on ignore encore l'identité.

L'entrée *in medias res* (on a le sentiment d'entrer dans une action déjà commencée) vise aussi à susciter l'intérêt du lecteur : nous entrons dans l'hôtel particulier en même temps que Crevel, sans que cette entrée du personnage ait été préparée par des explications préliminaires. Nous rejoignons Crevel « en route » si l'on peut dire, et nous sommes immédiatement pris dans l'action.

Enfin, les premières pages proposent *un contrat de lecture* : le lecteur sait rapidement qu'il se trouve face à un roman dit réaliste. La précision quasi documentaire de la description du cadre spatial, la volonté de s'intéresser à la société contemporaine (Balzac publie en 1846 son roman qui débute en 1838) est perceptible dès ces premières pages. Le lecteur, à partir de ces indications initiales, a donc des attentes particulières.

Formulation de la problématique

Cherchons alors le problème essentiel que pose le texte, en synthétisant nos remarques préalables.

Nous sommes confrontés à un incipit traditionnel où le narrateur omniscient situe le roman dans une époque, un lieu et un milieu particulier.

Par ailleurs le narrateur ménage ses effets en posant les prémisses d'une intrigue : que vient faire Crevel ? quelles relations entretient-il avec les personnages évoqués, et en particulier avec la belle femme blonde qu'il rencontre ?

Enfin, si le narrateur introduit le lecteur d'emblée au cœur d'une intrigue fortement insérée dans un milieu socio-culturel, produisant un fort effet de réel, il pose aussi un regard ironique sur le personnage principal et la situation, en complicité avec le lecteur, qui prend ainsi une distance avec l'univers dans lequel il pénètre.

Ces remarques préliminaires nous permettent de poser la problématique suivante : comment le narrateur omniscient, dans ces premières pages du roman, introduit-il le lecteur dans un univers particulier, conjuguant effet de réel et distance ironique ?

PLAN DÉTAILLÉ

I/LE RÔLE DES PREMIÈRES PAGES : SITUER DANS UNE ÉPOQUE, UN LIEU ET UN MILIEU PARTICULIER

1 Époque contemporaine

Transition : Grande précision qui situe tout ceci dans une époque contemporaine, avec à la fois une date exacte et une généralisation sur l'époque. À la fois regard d'un témoin très particulier et regard de l'historien.

2 Lieu : Paris

Transition : Volonté à la fois de précision et de généralisation. Typique du réalisme balzacien. En quelques remarques, portrait d'une ville dominée par l'argent = thème essentiel introduit dans le roman.

3 Milieu : Introduction de plusieurs personnages, défini par leur milieu social

– Crevel : milieu bourgeois. Attitude typique du parvenu.
– les Hulot : milieu de la noblesse d'Empire reconvertie à la Restauration avec la famille de Hulot.

Transition : Mise en scène du parvenu, commerçant enrichi, et d'une famille qui a fait son ascension sociale sous l'Empire mais qui est toujours très bien placée.

II/MISE EN PLACE D'UNE INTRIGUE

1 L'arrivée de Crevel à l'hôtel, lourde de sens

2 L'arrivée d'un personnage qui provoque une réaction particulière chez la maîtresse de maison

3 Des effets de contraste, qui suscitent le suspens

Transition : Effet d'attente, orchestré par un auteur qui mène cette scène en compagnie de lecteur, invité à assister à tout cela. En effet...

III/LE POINT DE VUE DU NARRATEUR OMNISCIENT

1 Par qui la scène est-elle vue ?
Transition : Le lecteur découvre la scène au fur et à mesure de l'avancée de Crevel. Nous avançons dans l'espace en l'accompagnant, tout en prenant une distance par rapport à lui.

2 L'ironie du narrateur omniscient
Ironie vis-à-vis de personnages particuliers (Crevel, mais aussi Hulot, titré grâce à son frère).
Ironie vis-à-vis de groupes sociaux (les militaires de la milice bourgeoise, les parvenus).

RÉDACTION PARTIELLE (I, paragraphes 1, 2)

Balzac est l'un des premiers romanciers que l'on appela réaliste. Il se plaît à décrire dans *La Comédie humaine* (vaste somme où il rassemble l'ensemble de son œuvre et explique son projet en avant-propos, à partir de 1842), les différents milieux sociaux de la France de la première moitié du XIXe siècle, et il s'arrête ici en particulier sur les « Scènes de la vie parisienne » (nom de la section de *La Comédie humaine* où est rangée cette œuvre). Ainsi, Balzac est « réaliste » dans la mesure où il s'attache à donner une image juste de la société contemporaine, dont il essaie de souligner les ressorts. C'est ici le début de *La Cousine Bette*, roman publié en 1846, à la toute fin de la vie de Balzac. Le tout début de l'œuvre présente en effet à la fois un personnage, un hôtel particulier parisien et le début d'une intrigue, autour d'un personnage caricatural, Crevel. La fonction des premières pages d'un roman est à la fois de retenir l'attention du lecteur et donner les informations essentielles à la compréhension de l'intrigue à venir. De fait, comment le narrateur omniscient, dans ces premières pages du roman, introduit-il le lecteur dans un univers particulier, conjuguant effet de réel et distance ironique ? Pour comprendre la stratégie mise en œuvre en ce début de récit, nous observerons tout d'abord la façon dont ces premières pages situent l'action dans une époque, un lieu et un milieu particulier, à la manière des réalistes ; puis nous étudierons comment, parallèlement au cadre, une intrigue se dessine ; et enfin, nous analyserons la façon dont le narrateur, ironique et lucide, se moque des personnages qu'il met en scène, en complicité avec le lecteur.

Cet incipit remplit tout d'abord le rôle dévolu aux premières pages : il situe l'action dans un cadre spatio-temporel, se centrant sur des milieux sociaux bien particuliers.

En premier lieu, le narrateur place son action dans une époque qui lui est contemporaine : nous nous trouvons « vers le mois de juillet de l'année 1838 », alors même que *La Cousine Bette* a été publié en 1846. Cette indication, présente dès la première ligne, est significative d'une volonté de précision de la part d'un auteur qui veut ici « faire vrai », jouer sur l'illusion référentielle. Le narrateur évoque ensuite d'ailleurs des détails typiques de cette époque fort proche des lecteurs de l'époque : il mentionne ainsi « une de ces voitures nouvellement mises en circulation… », faisant référence à un phénomène de mode que tout lecteur contemporain de Balzac peut identifier. Le premier paragraphe donne ainsi une première impression de précision sur le cadre temporel : l'arrivée de Crevel est datée précisément. Le narrateur se livre en même temps à une première forme de généralisation qui lui permet de caractériser plus largement ce moment spécifique de l'histoire des mœurs, où l'on se déplace par exemple en « milord ». Le regard du témoin sur ce qu'il a pu observer quelques années plus tôt se mêle au point de vue du « docteur en sciences sociales » comme Balzac se nomme lui-même.

Par ailleurs, le narrateur situe soigneusement son récit dans l'espace, et on note là aussi la volonté de précision du narrateur omniscient, qui s'efforce de rendre compte d'une réalité. En effet, après avoir situé l'action dans la capitale en général, par l'expression « les places de Paris », il accumule les noms de rues. Il s'agit alors de plonger le lecteur dans la géographie parisienne, en faisant référence à la « rue de l'Université », encore plus précisément à « la partie de la rue comprise entre la rue de Bellechasse et la rue de Bourgogne ».

L'architecture de l'hôtel particulier où se rend Crevel est elle aussi détaillée : c'est « une grande maison nouvellement bâtie sur une portion de la cour d'un vieil hôtel à jardin ». Enfin, le narrateur omniscient met l'accent sur le comportement de la population parisienne, proposant des remarques généralisantes : les Parisiens sont des vaniteux qui pensent à leurs conquêtes et ainsi « les passants [...] souvent, à Paris, recueillent ainsi d'agréables sourires adressés à des beaux yeux absents ». Les portiers parisiens sont aussi définis par leur « coup d'œil savant » : « ils connaissent les riches ». En quelques remarques, le narrateur omniscient fait le portrait d'une ville dominée par l'argent. La description de la ville introduit donc un thème essentiel du roman.

2 Commenter un texte poétique

Le commentaire d'un texte poétique s'inscrit principalement dans le cadre de l'objet d'étude « La poésie », commun à toutes les premières des séries d'enseignement général et technologique. Cet objet d'étude peut toutefois être associé à un deuxième objet d'étude.

Avant d'appliquer la méthodologie du commentaire, nous commencerons par présenter les principales problématiques qui se rattachent à l'objet d'étude « La poésie ». Puis, nous rappellerons les notions spécifiques à l'étude du texte poétique.

LES PRINCIPALES PROBLÉMATIQUES LIÉES À L'OBJET D'ÉTUDE

Selon les instructions officielles :

> L'analyse des enjeux des relations entre forme et signification permet de faire saisir aux élèves la spécificité du travail poétique sur le langage. En situant une œuvre dans un mouvement littéraire, on fera discerner les continuités et les évolutions dans les conceptions de la poésie, notamment autour des représentations de la modernité.
>
> BO n° 40 du 2 novembre 2006.

Le travail sur un texte poétique s'oriente donc vers plusieurs problématiques.

I La spécificité du travail poétique sur le langage

L'étude d'un texte poétique pose nettement la question des fonctions du langage et du rapport entre ce langage et le sens que l'auteur veut transmettre. Le langage poétique a longtemps été considéré comme un ornement du discours, un ensemble de procédés (images, lexique, jeux de sonorités, recours au vers) permettant de donner à la pensée une formulation plus belle et plus frappante. Or, la poésie moderne et contemporaine fait de l'image, du choc qu'elle provoque par le rapprochement inattendu de deux réalités, le principe même du langage poétique. La question de la signification d'une image ou d'un texte ne se pose plus dès lors de la même façon. L'image n'est plus la « traduction » d'une pensée, le poète pense directement en images, en associations de mots et de sonorités.

Le travail de commentaire consistera à analyser les images et les procédés formels, mais aussi à dégager les significations qu'ils peuvent transmettre.

La poésie, continuité et évolution

La question du rapport entre continuité et évolution du genre se présente constamment lorsqu'on étudie l'œuvre d'un poète ou les principes d'un mouvement. Tout poète est d'abord un lecteur de poèmes, et c'est en s'inspirant de ses lectures, ou en réaction contre les œuvres de ses prédécesseurs, qu'il trouve sa propre voix poétique. Cette pratique explique l'importance du rôle que joue dans la création poétique l'intertextualité, c'est-à-dire l'influence qu'un poète peut exercer sur un autre poète, que ce soit parce que son écriture lui sert de modèle, ou parce qu'il reprend certains de ses thèmes de prédilection. Lorsqu'on étudie un poème, il peut être intéressant de discerner de quels modèles il s'inspire ou au contraire s'écarte.

Les représentations de la modernité

On observe également une évolution dans les thèmes qui nourrissent la poésie. Si les poètes, du XVIe au XVIIIe siècle, respectent certaines conventions, certaines règles de bienséance concernant les sujets qu'ils choisissent et le langage qu'ils adoptent, les auteurs, à partir du XIXe siècle, revendiquent de plus en plus le droit d'évoquer dans leurs aspects les plus prosaïques la vie réelle et la société moderne. Le langage poétique adopte alors des mots jugés auparavant illicites. De même, les poètes évoquent dans leurs œuvres les événements politiques contemporains, le spectacle de la rue ou les réalités les plus ordinaires. Il est bon d'avoir conscience de cette évolution pour pouvoir apprécier la modernité d'un texte.

La variété des genres et les registres

Même si le registre lyrique, souvent associé au pathétique ou à l'élégiaque (expression de la plainte), domine dans la poésie moderne depuis les romantiques, de nombreux textes poétiques se rattachent à d'autres registres, qui définissent souvent des genres particuliers. Certains poèmes, par leur humour et leurs jeux sur les mots, relèvent du registre comique. La présence du registre épique peut permettre de rattacher un texte au genre de l'épopée : ce terme désigne une poésie narrative célébrant les exploits des héros.

D'autres textes peuvent relever du registre polémique ou satirique, comme *Les Châtiments* de Victor Hugo ; le genre de la fable associe la poésie narrative et argumentative : ces deux derniers exemples montrent qu'un texte poétique peut être également étudié dans le cadre de l'objet d'étude : « Convaincre, persuader et délibérer ».

LES NOTIONS CLÉS POUR ANALYSER UN TEXTE POÉTIQUE

Pour aborder l'étude d'un texte poétique, l'élève doit mobiliser un certain nombre de connaissances liées à l'objet d'étude « La poésie », qu'il doit utiliser avec discernement.

Les notions que nous proposons ci-dessous restent générales. Il revient à l'élève de les utiliser de manière sélective, en fonction de la spécificité du texte à commenter.

Les formes poétiques

On distingue deux formes poétiques : la poésie régulière et la poésie non régulière.

La poésie régulière

Elle se caractérise par un certain nombre de règles concernant la mesure des vers, le rythme, les rimes, les strophes et les sonorités.

• *La mesure du vers :* le travail sur la versification prend en compte la *métrique*, qui s'intéresse à la mesure du vers, et qui définit les différents mètres, selon le nombre de leurs syllabes. Par exemple, un *alexandrin* est un vers de douze syllabes, un *décasyllabe* un vers de dix syllabes, un *octosyllabe* un vers de huit syllabes, un *hexasyllabe*, un vers de six syllabes. Le e muet se prononce s'il est suivi d'une consonne, mais il ne se prononce pas s'il est suivi d'une voyelle ou situé en fin de vers.

• *Le rythme des vers :* il faut prendre également en compte la *prosodie*, qui s'intéresse au rythme du vers. Un alexandrin peut ainsi être considéré comme un *tétramètre*, présentant quatre accents d'intensité :

> Il trépigne/de joie,// il pleure/de tendresse…
>
> (Boileau.)

On parle alors d'un alexandrin au *rythme binaire*, présentant une pause centrale, la *césure* (//) qui sépare le vers en deux *hémistiches*, eux-mêmes séparés en deux mesures par des coupes secondaires (/).

Mais l'alexandrin peut aussi être considéré comme un *trimètre* présentant trois accents d'intensité :

> Carnage affreux !/ moment fatal !/ L'homme inquiet
> Sentit que la bataille entre ses mains pliait.
>
> (Victor Hugo.)

On parle alors d'un alexandrin au *rythme ternaire* ; la césure à l'hémistiche est ici difficilement acceptable.

Le rythme binaire est privilégié dans la poésie classique ; les poètes romantiques ont introduit l'usage du rythme ternaire, qui permet un effet de contraste.

Le premier vers de l'exemple ci-dessus présente une *diérèse* (« inquiet » compte pour trois syllabes) — le phénomène inverse étant la *synérèse* — et un *contre-rejet* : la syntaxe ne respecte pas la mesure des vers. Cet effet rythmique est appelé *enjambement* quand la phrase déborde jusqu'à la césure ou à la fin du vers suivant ; il est appelé *rejet* ou contre-rejet quand un élément court de la phrase est rejeté au début du vers suivant ou, placé à la fin du vers précédent.

Dans les vers qui suivent, Victor Hugo utilise successivement l'enjambement et le rejet :

Sa lunette à la main, il observait parfois
Le centre du combat, point obscur où tressaille
La mêlée, effroyable et vivante broussaille [...]

Ces effets donnent une impression de continuité rythmique, ils offrent plus d'ampleur aux vers, et ils permettent de mettre certains éléments en valeur. La *diérèse*, par exemple, permet de souligner l'importance particulière d'un mot pour la signification du passage.

• *Les rimes :* le texte poétique joue également sur la répétition de sonorités, que ce soit à la fin de deux ou plusieurs vers (la rime) ou à l'intérieur des vers. La rime peut être *pauvre* (lorsqu'elle joue sur un phonème commun aux vers rimant ensemble), *suffisante* (deux phonèmes communs) ou *riche* (trois phonèmes communs ou davantage).

Tout en chantant sur le mode mineur
L'amour vainqueur et la vie opportune,
Ils n'ont pas l'air de croire à leur bonheur
Et leur chanson se mêle au clair de lune,

Au calme clair de lune triste et beau,
Qui fait rêver les oiseaux dans les arbres
Et sangloter d'extase les jets d'eaux,
Les grands jets d'eaux sveltes parmi les marbres.

(Paul Verlaine.)

On relève dans cet exemple différent types de rimes : une rime riche (« mineur »/«bonheur ») ; une rime suffisante (« opportune »/ « lune », le *e* final ne compte pas) ; une rime pauvre (« beau »/«d'eaux ») ; une rime très riche (« arbres »/«marbres »).

La rime la plus courante est la rime suffisante : le fait qu'un poème soit généralement de dimension moyenne permet une certaine recherche. La présence de rimes pauvres, et de rimes riches ou très riches, peut donc être un élément significatif : les termes placés en fin de vers sont mis en valeur par la rime riche.

Plusieurs schémas sont possibles : les rimes peuvent être *plates* ou *suivies* (*aa*, *bb*, *cc*...), *croisées* (*abab*) ou *embrassées* (*abba*).

• *Les strophes* : un ensemble de vers réunis selon une disposition ordonnée des rimes s'appelle une *strophe*. On distingue le *distique* (strophe de deux vers), le *tercet* (strophe de trois vers), le *quatrain* (strophe de trois vers), le *quintil* (strophe de cinq vers), le *sizain* (strophe de six vers), le *septain* (strophe de sept vers), le *huitain* (strophe de huit vers) ; le *dizain* (strophe de dix vers).

Le poète peut adopter pour chacun de ses textes un modèle de strophe particulier, en jouant sur la mesure des vers choisis et la disposition des rimes. Le choix de l'alexandrin donne au poème une allure plutôt solennelle, alors que le décasyllabe et l'octosyllabe sont considérés comme des vers plus légers, utilisés par exemple dans la chanson ; l'alternance de vers longs et courts permet, elle, de créer un effet de rupture. Les rimes croisées ou embrassées montrent plus de recherche que les rimes suivies.

• *Les jeux de sonorités* : en dehors de la rime, un poème peut aussi présenter un jeu sur les répétitions de sonorités à l'intérieur des vers.

On appelle *allitérations* les répétitions de consonnes et *assonances* les répétitions de voyelles.

Ce vers de José-Maria de Heredia présente ainsi des assonances en *è* et en *an*, et des allitérations en *m*, *r*, *s* et *l*.

La Mer qui se lamente en pleurant les Sirènes

Ces jeux de sonorités donnent au vers un caractère plus harmonieux, et contribuent à en renforcer la signification : dans l'exemple cité, les allitérations peuvent évoquer le roulement des vagues ; l'allitération en *l* et l'assonance en an mettent en correspondance les deux verbes de part et d'autre de la césure, et insistent ainsi sur l'idée d'une lamentation.

• *Les principales formes fixes* : certaines formes poétiques fixes imposent un schéma strophique particulier, comme le *sonnet* qui comporte habituellement deux quatrains et un sizain divisé en deux tercets, avec deux schémas de rimes possibles : *abba/abba/ccdeed* ou *abba/abba/ccdede*.

Importée d'Italie à la Renaissance, cette forme connut un succès qui ne se démentit pas jusqu'à la fin du XIXe siècle. D'autres formes fixes, comme la *ballade* ou le *rondeau*, présentent également des structures strophiques complexes, avec des effets de refrain.

Apparues au Moyen Âge, puis tombées dans l'oubli, elles ont été redécouvertes par les poètes du XIXe siècle.

La poésie non régulière

• *Le vers libre* : il apparaît chez les poètes symbolistes, comme Jules Laforgue, puis sera adopté par la plupart des poètes du XXe siècle. Ce choix résulte d'une volonté de se libérer des contraintes de la versification, pour mieux explorer les ressources rythmiques de la langue et harmoniser la syntaxe et la mesure du vers. Comme le vers régulier, il peut présenter un jeu d'assonances et d'allitérations. De longueur variable, il peut s'étendre sur trois ou quatre lignes : on parle alors de *verset*.

• *Le poème en prose* : Cette forme poétique refuse purement et simplement le vers et échappe à la prose. Elle apparaît pour la première fois en France grâce au poète Aloysius Bertrand et à son recueil *Gaspard de la Nuit*. Cette forme nouvelle sera ensuite adoptée par Charles Baudelaire et Arthur Rimbaud entre autres. Il s'agit d'un texte généralement bref, souvent rédigé en courts paragraphes, qui emprunte à la poésie versifiée l'attention portée au rythme de la phrase, au jeu des sonorités.

Pour appliquer la méthode du commentaire au texte poétique, nous nous appuierons sur trois exemples : un sonnet, poème en vers réguliers relevant du registre lyrique, un poème en prose et une fable, qui constitue un exemple de poésie narrative et argumentative.

COMMENTER UN SONNET LYRIQUE

SUJET 4 (séries générales)

Objet d'étude : la poésie

Éléments traités : plan détaillé – rédaction partielle du commentaire

TEXTE

Charles Baudelaire (1821-1867), « À une passante », extrait du recueil *Les Fleurs du mal* (1861), « Tableaux parisiens », XCIII.

À une passante

La rue assourdissante autour de moi hurlait.
Longue, mince, en grand deuil, douleur majestueuse,
Une femme passa, d'une main fastueuse
Soulevant, balançant le feston et l'ourlet ;

Agile et noble, avec sa jambe de statue.
Moi, je buvais, crispé comme un extravagant,
Dans son œil, ciel livide où germe l'ouragan,
La douceur qui fascine et le plaisir qui tue.

Un éclair… puis la nuit ! — Fugitive beauté
Dont le regard m'a fait soudainement renaître,
Ne te verrai-je plus que dans l'éternité ?

Ailleurs, bien loin d'ici ! trop tard ! jamais peut-être !
Car j'ignore où tu fuis, tu ne sais où je vais,
Ô toi que j'eusse aimée, ô toi qui le savais !

Commentaire

Vous commenterez le poème de Charles Baudelaire.

PRÉPARER LE COMMENTAIRE

La préparation du commentaire se déroule en plusieurs étapes définies. Nous ne reprendrons pas toutes ces étapes, mais nous nous attacherons, dans un travail préliminaire, à exposer les questions à se poser et les connaissances à mobiliser pour étudier un sonnet relevant du registre lyrique.

Notions et questions clés de l'analyse

Quelles sont les caractéristiques du sonnet ?

• *Une forme fixe en vers réguliers* : le travail sur le langage, essentiel dans la création poétique, est particulièrement remarquable dans la poésie régulière, où le recours à la versification différencie nettement la parole poétique du langage ordinaire, par le jeu sur la mesure des vers, les rythmes et les sonorités. Il est donc nécessaire, pour commenter un poème en vers réguliers, de prêter une attention soutenue à ces éléments, et de repérer les procédés les plus remarquables.

• *Une forme courte*, particulièrement concentrée : le travail sur le langage revêt, dans une telle forme, une importance plus marquée encore.

• *Une forme codifiée* par des règles qui définissent un modèle : schéma des rimes (abba/abba/ccdeed ou ccdede), réseaux de signification (opposition entre les quatrains et les tercets ou entre les treize premiers vers et le dernier...). Il faudra donc prendre en compte ces règles et examiner comment le poète les met ou non en application.

Comment identifier le registre lyrique ?

L'adjectif « lyrique » vient de l'adjectif latin *lyricus* caractérisant ce qui est destiné à être chanté avec accompagnement de la lyre (instrument utilisé dans la Grèce antique). Il s'applique à une poésie consacrée à l'expression de sentiments intimes. Cette définition conduit à distinguer la poésie lyrique de la poésie épique, dont la mission est de narrer une histoire, et de la poésie dramatique (le théâtre) qui doit viser la représentation d'une action.

Pour déterminer si un texte relève du registre lyrique, on peut se poser les questions suivantes :

• *Qui parle ?* La poésie lyrique fait entendre la voix d'un sujet, d'un individu particulier, qui désire à travers le poème exprimer des sentiments personnels, tels que l'amour, la nostalgie, l'émerveillement devant la beauté du monde.

• *À qui s'adresse le poète ?* Un poème lyrique peut être dédié à un interlocuteur précis, la femme aimée par exemple. Mais au-delà du « dialogue » que le poète tente ainsi d'établir, le vrai destinataire est le lecteur, qui doit pouvoir comprendre les états d'âme évoqués, voire s'identifier au poète.

• *Quels sont les procédés employés ?* Les indices de la 1re personne, le lexique des sentiments, le recours à l'apostrophe, qui transforment le poème en discours, sont fréquemment présents dans les textes relevant de ce registre. Le travail sur le langage joue également un rôle fondamental dans cette communication : le jeu sur les sonorités, sur le rythme des vers, tout ce qui donne au texte sa musicalité, vise à susciter certaines émotions chez le lecteur.

• *Quels sont les thèmes lyriques ?* La poésie lyrique a été pratiquée à toutes les époques, et les thèmes qu'elle traite ont été souvent repris : expression de l'amour heureux ou malheureux, rapport de l'homme au temps, à la nature, interrogation du poète sur sa vie personnelle ou sur la condition humaine...

Aux troubadours du Moyen Âge ont succédé les poètes de la Pléiade, mais c'est au XIXe siècle, avec les romantiques, que la poésie lyrique connaîtra son plus grand développement, au point que les poètes du Parnasse tenteront à l'inverse de se libérer du lyrisme et de l'omniprésence du moi. Toutefois, l'inspiration lyrique, d'Apollinaire à Guy Goffette, reste prédominante dans la poésie moderne et contemporaine.

Réponses aux questions préliminaires

Identification du contexte

Ce poème est extrait de la deuxième partie des *Fleurs du mal*, intitulée « Tableaux parisiens », qui succède à la première partie, « Spleen et idéal ». Le titre de ce recueil, le plus célèbre de son auteur, associe les fleurs, qui évoquent la beauté et le plaisir, avec le Mal, puissance inquiétante qui peut se manifester par la souffrance, le vice, mais aussi par l'ennui ou par une sensualité incontrôlée. Le titre de la deuxième partie du recueil évoque, quant à lui, la volonté de donner à la poésie une dimension picturale, et de fixer des instants de la vie urbaine : le thème de la ville, souvent traité par Baudelaire, est, à ses yeux, représentatif de la modernité.

Identification de la forme

Ce poème est un sonnet en alexandrins. La disposition de ses rimes n'obéit cependant pas au schéma classique : en effet, les rimes du premier quatrain sont différentes de celles du deuxième, et la disposition des rimes dans le sizain est également inhabituelle. Le schéma d'ensemble du poème est donc le suivant : *abba/cddc/efefaa*. La rime finale du sizain reprend donc la rime initiale du poème, ce qui produit un effet de clôture. Les quatrains décrivent la rencontre entre le poète et la passante, alors que les tercets évoquent le retentissement de cette rencontre dans l'esprit du poète.

Identification du registre

• *Qui parle ?* La référence à la première personne, présente dès le vers 1, annonce que le poète parle en son propre nom, et va évoquer une expérience et des sentiments personnels. Ces sentiments sont exprimés plus nettement encore dans les deux tercets.

• *À qui s'adresse le poète ?* La dédicace que constitue le titre du poème et les occurrences de la deuxième personne présentes dans les tercets indiquent que le poète tente d'établir un dialogue avec l'inconnue qu'il a rencontrée.

• *Quels sont les procédés employés ?* Le lexique des sentiments est plus particulièrement présent dans les trois dernières strophes (« douceur », « plaisir », « aimée »), qui évoquent la relation qui s'ébauche entre le poète et la passante : les vers 9 et 10 (« Fugitive beauté/Dont le regard m'a fait soudainement renaître ») figurent par le biais de la syntaxe une relation entre la passante (antécédent du relatif) et le poète (complément d'objet du verbe). Le jeu sur les sonorités, les rythmes, la qualité des rimes, qui donnent au poème un caractère particulièrement évocateur, devra être étudié avec attention.

• *Quels sont les thèmes du texte ?* Le poème évoque la rencontre d'une femme inconnue qui fait naître chez le poète un amour soudain et ambivalent (v. 8). Les tercets tentent d'établir un dialogue avec cette femme et soulignent l'importance que cette rencontre revêt aux yeux du poète, ainsi que l'impossibilité d'une véritable relation.

La présence du thème de l'amour, les particularités de l'énonciation (références fréquentes à la 1re personne, indices évoquant les sentiments du poète), et la façon dont le poème permet au lecteur de saisir toute l'importance de cette rencontre pour le poète, rattachent clairement ce texte au registre lyrique.

Formulation de la problématique

Comment le poète approfondit-il l'évocation d'une scène de rue apparemment banale (la rencontre d'une passante), de manière à faire comprendre au lecteur à la fois la fascination qu'exerce sur lui cette femme et la perte que représente cette rencontre manquée ?

PLAN DÉTAILLÉ

I/LE RÉCIT D'UNE RENCONTRE

1 Un récit lyrique marqué par le malaise

– Construction narrative du poème, qui évoque successivement le décor de la rencontre, ses deux protagonistes et enfin ses conséquences, en adoptant le point de vue du poète.
– Point de vue du poète (« autour de moi », v. 1) évoqué d'emblée, impression d'un environnement hostile et bruyant (allitérations en *s* et en *r*, assonances en *u* et *ou*) qu'éclipse, du vers 2 au vers 5, l'apparition de la passante.
– Le vers 6 renforce l'impression d'un malaise intime : « Moi » mis en valeur en début de vers ; « crispé comme un extravagant », au vers 7, évoque un état proche de la folie, renforcé par le jeu des sonorités (allitérations en *r* et en *k*).

2 La transfiguration de la passante par le langage poétique

Évocation des étapes successives de la rencontre :
– Vers 2 : première image d'une silhouette élégante et endeuillée ; adjectifs mis en valeur en début de vers ou à la rime, amplification progressive (2/1/3/6) ; association de la beauté et de la douleur (allitérations en « *l* » et en « *d* »).
– Vers 3 et 4 : « apparition » de la femme, associée à des verbes de mouvement (« passa », « soulevant », « balançant »), allusion au mouvement de la robe soulevée (recours au lexique de la couture souligné par les allitérations en « *s* » et en « *l* ») ; lexique de la richesse, mis en valeur par la rime très riche.
– Vers 5 : fin de la description, « rejetée » au début du 2e quatrain, qui marque un retentissement de la rencontre ; c'est un « résumé » des

vers 2 à 4 : noblesse et mouvement (rythme irrégulier : 4/8), audace de la jambe montrée et beauté classique de la statue.

3 Le résultat de la rencontre : un amour ambivalent

Suite du poème : conséquences de cette rencontre qui suscite chez le poète une attirance trouble : allusion à un échange des regards (v. 6, 7 et 10) marqué par l'intensité (« je buvais ») et le pressentiment du malheur (présence d'un lexique négatif, extravagant/ouragan : rime riche et significative) ; ambivalence d'un sentiment qui fait « renaître » tout en s'appuyant sur une fascination morbide (le vers 8, qui présente un parallélisme et un rythme régulier (6/6), suggérant que le lien qui vient de naître a quelque chose de fatal). Voir le titre du recueil : *Les Fleurs du mal*.

II/Les significations profondes de la rencontre

1 La passante, symbole d'un idéal moderne

– Vision rattachée à un contexte urbain (intérêt de Baudelaire pour la ville, lieu où s'exprime par excellence la modernité).

– Alliance de la beauté classique et du mouvement, de l'audace (v. 5), c'est-à-dire alliance des contraires, de l'éternel et du fugitif (v. 9), de la beauté majestueuse et du mouvement de la robe qui suggère le désir (intérêt de Baudelaire pour la mode, figuration de la beauté moderne).

– Rencontre amoureuse qui ne suscite pas seulement le désir pour la beauté d'une femme, mais le sentiment d'avoir rencontré un idéal incarné, et un idéal dont la caractéristique est d'être mobile et insaisissable (importance des verbes de mouvement).

2 La conscience d'avoir vécu une rencontre essentielle mais aussi décevante

– Image forte (v. 9), antithèse qui souligne le caractère fulgurant, instantané de cette rencontre (lexique de la surprise : « éclair », « fugitive », « soudainement »).

– Recours à la deuxième personne, apostrophe, interrogation (v. 11), invocation (v. 14) : tentatives pour instaurer a posteriori un dialogue avec la passante.

– Sentiment saisi dans sa profondeur (v. 8) et son intensité (v. 9, rythme « haletant » du vers 12 : 2/4/2/4, points d'exclamation), mais voué à se développer dans le temps (l'éternité) et dans un espace lointain (« Ailleurs, bien loin d'ici »), parce qu'il n'a pas réussi à se réaliser dans le présent : le deuxième hémistiche du vers 12 compromet l'espoir formulé dans les vers 10 et 11.

3 La figuration poétique d'une rencontre impossible (paragraphe rédigé)

PARAGRAPHE RÉDIGÉ (II, 3)

Le poème multiplie en effet les signes révélant que cette rencontre n'a « *jamais* » eu lieu (v. 12) : l'italique de l'adverbe souligne la douleur de cet échec. Le titre même, « À une passante », montre bien que pour le poète, la « fugitive beauté » n'a jamais eu de nom : la destinataire de la dédicace est restée une inconnue. Et le sonnet entier figure cette séparation inéluctable : le poète et la femme, le je et le tu, figurent rarement dans le même vers, et dans ce cas ce n'est jamais sur le mode affirmatif, mais sur le mode interrogatif et négatif : « Ne te verrais-je plus que dans l'éternité ? », « Car j'igno/re où tu fuis,// tu ne sais/où je vais ». Le thème de la séparation est signifié dans ce vers 13 par l'emplacement de la césure et des coupes ; le recours au parallélisme et au chiasme (je/tu/tu/je) souligne le fait que les deux « amants » s'éloignent sans rien savoir l'un de l'autre, et la régularité du rythme évoque le caractère impassible, inexorable du destin. « Ô toi que j'eusse aimée, ô toi qui le savais » : l'invocation valorise la femme aimée et évoque la conscience qu'elle a pu avoir des sentiments du poète ; mais l'union n'est envisagée qu'au subjonctif plus-que-parfait, c'est-à-dire comme un irréel du passé, une rencontre qui n'a pas eu lieu. La beauté n'est pas accessible en ce monde, mais seulement dans l'éternité ; seul reste l'éclair, l'illumination qu'elle a fait surgir ici-bas, et dont le poème préserve le souvenir.

SUJET 5 (séries générales)

Objet d'étude : la poésie

Élément traité : plan détaillé

TEXTE

Francis Ponge (1899-1988), *Le Parti pris des choses* (1942),

Les Plaisirs de la porte

Les rois ne touchent pas aux portes.

Ils ne connaissent pas ce bonheur : pousser devant soi avec douceur ou rudesse l'un de ces grands panneaux familiers, se retourner vers lui pour le remettre en place, — tenir dans ses bras une porte.

… Le bonheur d'empoigner au ventre par son nœud de porcelaine l'un de ces hauts obstacles d'une pièce ; ce corps à corps rapide par lequel un instant la marche retenue, l'œil s'ouvre et le corps tout entier s'accommode à son nouvel appartement.

D'une main amicale il la retient encore, avant de la repousser décidément et s'enclore ; — ce dont le déclic du ressort puissant mais bien huilé agréablement l'assure.

Commentaire

Vous commenterez ce poème de Francis Ponge.

PRÉPARER LE COMMENTAIRE

Dans un travail préliminaire, nous nous attacherons à exposer les questions à se poser et les connaissances à utiliser pour étudier le poème en prose.

Notions et questions clés de l'analyse

Bref rappel historique

Le poème en prose a été inventé autour de 1830 par des auteurs romantiques tels qu'Aloysius Bertrand et Xavier Forneret. La création de ce genre fut préparée par la lecture de traductions d'œuvres poétiques étrangères ou par celle d'œuvres narratives présentant des exemples de prose poétique relevant souvent du registre lyrique, comme la *Nouvelle Héloïse* de Jean-Jacques Rousseau ou les ouvrages de Chateaubriand.

Comment identifier un poème en prose ?

Il s'agit toujours d'un texte en prose relativement bref : les poèmes en prose de Baudelaire, par exemple, dépassent rarement deux pages, et la plupart des textes appartenant à ce genre n'excèdent pas quinze à vingt lignes. Il s'agit également d'un texte autonome, qui se suffit à lui-même et qui peut donc être lu isolément.

Par sa disposition, le poème se présente comme un texte en prose, et non comme un texte en vers libres ou réguliers matérialisés par un alinéa et une majuscule en tête de vers : les majuscules marquent le début des phrases, les alinéas délimitent des paragraphes. Cependant, comme tout texte poétique, le poème en prose joue sur les échos de sonorités, les images, le rythme et la construction des phrases, et sa brièveté met en valeur ces procédés. Le découpage de certains textes en paragraphes brefs évoque un découpage en strophes.

Quel projet poétique révèle le choix de ce genre ?

Le poème en prose relève souvent du discours narratif ou descriptif : les poèmes d'Aloysius Bertrand se présentent ainsi comme des tableaux pittoresques ; ceux de Baudelaire se développent fréquemment autour d'une anecdote. Mais ces textes se caractérisent toujours par un travail particulier sur le langage qui empêche de limiter leur intérêt au récit ou au tableau qu'ils présentent.

Le choix de ce genre traduit souvent un désir de contester les conventions du genre poétique qui aboutit au choix de thèmes et de registres semblant s'opposer à ceux que le public considère comme poétiques : le poète peut ainsi choisir ses thèmes dans l'univers de la modernité ou du quotidien, comme c'est le cas pour Baudelaire ou Francis Ponge. Par ailleurs, si certains textes relèvent du registre lyrique, d'autres exemples relèvent du registre comique, la remise en cause du genre poétique se traduisant alors par l'humour ou la dérision. Le poème en prose apparaît souvent comme fondé sur l'union des contraires : le prosaïque et le poétique, la liberté de la pensée et la rigueur du travail sur le langage.

Réponses aux questions préliminaires

Francis Ponge publie son premier recueil de poèmes, *Le Parti pris des choses*, à quarante-trois ans. Le titre de ce recueil de poèmes en prose annonce l'intention de pratiquer une poésie qui ne sera pas purement lyrique, mais qui prendra en compte l'existence de la réalité concrète, et qui s'efforcera ainsi de la mettre en valeur. On peut penser que le choix de ce genre, qui associe le prosaïque et le poétique, est en liaison avec ce projet.

PLAN DÉTAILLÉ

I/LA DESCRIPTION D'UN GESTE FAMILIER

1 La mise en valeur d'un objet banal
– Banalité de l'objet, soulignée par l'emploi des définis (objet bien connu du lecteur).
– Au fur et à mesure que l'on progresse dans le texte : recours à des périphrases (« un de ces grands panneaux familiers », l. 3 ; « un de ces hauts obstacles d'une pièce », l. 7). Ces périphrases mettent l'accent sur certaines des qualités de la porte : la surface plane (impression renforcée par l'ouverture des assonances en « a ») ou la verticalité (utilisation de consonnes « hautes » : *h*, *t*, *b*, *l* qui indique un jeu sur l'aspect visuel des lettres) ; passage à l'indéfini, qui « individualise » la porte.
– Description complétée par l'évocation de la poignée de porcelaine (l. 6-7) et du mécanisme de la serrure (l. 12-13) : allitérations en « l »,

« s » et « r » qui « imitent » le bruit du pène qui s'enclenche. Il s'agit d'une description à la fois précise et très évocatrice.

2 <u>La description précise d'un mouvement</u>

Démarche identique pour la description précise des différentes étapes de l'ouverture d'une porte :

– succession des infinitives (l. 2-5) : succession d'actions qui s'enchaînent ; importance des verbes dans l'ensemble du poème (« empoigner », « s'ouvrir », « retenir », « repousser », « s'enclore ») : l'ensemble évoque une projection d'images au ralenti, qui décompose un mouvement, et permet d'analyser son rythme (« un instant la marche retenue », l. 8) ;

– ce lexique du mouvement introduit dans le poème une évocation du corps humain (les bras, le corps, l'œil, la main), ainsi qu'une personnification de la porte (« tenir dans ses bras une porte », « ce corps à corps ») qui est continuellement associée au mouvement décrit, dans la mesure où elle est prise comme complément d'objet par plusieurs verbes.

Ce mouvement banal est alors décrit comme un « pas de deux » qui associe l'homme et l'objet.

II/LES PLAISIRS DE LA PORTE

1 <u>La mise en évidence d'un rapport affectif</u>

– Titre d'emblée surprenant, qui associe à la porte l'idée de plaisir, renforcée par le pluriel (allitérations en « p » et en « l » qui rapprochent étroitement les deux termes) ; idée développée par un champ lexical : « bonheur » (deux occurrences), « agréablement ».

– Rapport affectif entre l'homme et la porte suggéré par les épithètes (« familiers », l. 3 ; « amicale », l. 11) et les compléments de manière (« pousser [...] avec douceur ou rudesse », l. 2-3), termes qui complètent les substantifs ou les verbes, les nuancent, enrichissent leur signification ; jeu de sonorités (allitération en « s », assonance en « ou ») qui associe étroitement les compléments et le verbe.

– Rapport qui évoque même la sensualité du rapport amoureux : « tenir dans ses bras », « empoigner au ventre », « ce corps à corps rapide » (l. 7-8) ; cela suggère une sensation de bonheur qui naît d'une entente physique et sentimentale entre l'homme et la porte.

2 <u>L'évocation d'un rapport heureux avec l'espace</u>

– Enjeu de ce rapport avec la porte : le rapport de l'homme à l'espace. La porte est un objet en deux dimensions (surface/verticalité) qui ouvre sur un espace en trois dimensions, mais permet ensuite de le clore, de le maîtriser.
– Les mouvements de l'homme autour de la porte sont des déplacements du corps dans l'espace. En témoigne le jeu des compléments de lieu (« devant soi », « vers lui », « dans ses bras ») ; la porte est un obstacle familier, et donc maîtrisable (l. 11-12) ;
– Prélude à une découverte et à l'accommodation à un espace nouveau (l. 8-10) par l'œil, mais aussi par le corps (jeu des sonorités : allitérations en k et en t moins présentes à la fin du paragraphe, assonance en o faisant place à une assonance en a, plus claire et plus ouverte) ; plaisir de la maîtrise, et de la protection qu'offre la porte (« décidément », « s'enclore », « l'assure », l. 12-13).

III/Une forme poétique en rapport avec un projet original

1 <u>Prendre le parti du quotidien</u>

Originalité profonde du projet de Ponge : créer un poème autour de ce qui semble le contraire de la poésie (affirmation contenue dans la première phrase : distance entre ce qui est noble et ce qui est banal). Tout le poème développe cette affirmation de manière paradoxale :
– attention extrême portée à un mouvement que l'on fait d'habitude sans y penser ; description qui donne de l'importance à ce qui semble ne pas en avoir ;
– insistance sur le bonheur du contact (toucher), sur le rapport à la fois physique et affectif que ce geste simple permet d'avoir avec le monde ce qui met en évidence la frustration que les rois doivent ressentir ; titre pleinement justifié.

2 <u>Une mise en forme poétique de la prose du réel</u>

Le choix de la forme du poème en prose est en parfaite adéquation avec ce projet :

– forme paradoxale (travail de Ponge sur l'opinion commune au sujet de la porte) ;
– dimension prosaïque préservée (thème, mise en page du texte) mais aussi travail sur le langage (syntaxe, jeux de sonorités), qui montre l'attention portée par le poète à son sujet et lui permet ainsi de communiquer son point de vue à son lecteur : la « prose du réel » est mise en valeur par le travail sur la forme poétique ;
– forme brève, « close », dans laquelle chaque paragraphe est comme une porte que l'on pousse pour découvrir plus encore « les plaisirs de la porte », objet humble qui est à l'origine des plaisirs que le poème procure.

COMMENTER UNE FABLE

SUJET 6 (séries technologiques)

Objets d'étude : la poésie – convaincre, persuader et délibérer

Élément traité : rédaction partielle du commentaire

TEXTE

Jean de La Fontaine (1621-1695), *Fables*, extrait du livre II, 16 (1668).

[La Fontaine reprend ici le thème d'une fable d'Ésope, le fabuliste grec de l'Antiquité.]

Le Corbeau voulant imiter l'Aigle

L'oiseau de Jupiter enlevant un mouton,
Un Corbeau, témoin de l'affaire,
Et plus faible de reins, mais non pas moins glouton,
En voulut sur l'heure autant faire.
Il tourne à l'entour du troupeau,
Marque entre cent moutons le plus gras, le plus beau,
Un vrai mouton de sacrifice :
On l'avait réservé pour la bouche des Dieux.

Gaillard Corbeau disait, en le couvant des yeux :
« Je ne sais qui fut ta nourrice,
Mais ton corps me paraît en merveilleux état :
Tu me serviras de pâture. »
Sur l'animal bêlant à ces mots il s'abat.
La moutonnière créature
Pesait plus qu'un fromage, outre que sa toison
Était d'une épaisseur extrême,
Et mêlée à peu près de la même façon
Que la barbe de Polyphème.
Elle empêtra si bien les serres du Corbeau
Que le pauvre animal ne put faire retraite ;
Le Berger vient, le prend, l'encage bien et beau,
Le donne à ses enfants pour servir d'amusette.
Il faut se mesurer, la conséquence est nette :
Mal prend aux volereaux de faire les voleurs.
L'exemple est un dangereux leurre :
Tous les mangeurs de gens ne sont pas grands seigneurs ;
Où la Guêpe a passé, le Moucheron demeure.

Commentaire

Vous commenterez la fable de La Fontaine en vous aidant du parcours de lecture suivant :

1. Étudiez la progression du récit et les procédés par lesquels le fabuliste captive l'intérêt du lecteur.

2. Comment est formulée la leçon indiquée par la moralité ? Comment cette leçon est-elle annoncée dans le récit ?

PRÉPARER LE COMMENTAIRE

Dans un travail préliminaire, nous nous attacherons à exposer les questions à se poser et les connaissances à mobiliser pour étudier la fable en tant que poésie narrative et argumentative.

Notions et questions clés de l'analyse

Bref rappel historique

La fable est un genre très ancien : les *Fables* d'Ésope, un auteur grec, datent du VIe siècle av. J.-C., celles du poète latin Phèdre datent du Ier siècle après J.-C., et La Fontaine s'inspirera souvent des œuvres de ces deux auteurs.

Il s'agit de courts récits généralement en vers, destinés à démontrer une moralité.

Quels sont les objectifs de la fable ?

La fable a un but didactique : il s'agit de montrer la justesse d'un précepte qui souvent est en accord avec l'opinion commune, et parfois d'illustrer un jugement ou une critique plus personnelle émanant de l'auteur lui-même. Ce genre peut donc être rattaché à l'objet d'étude « Convaincre, persuader et délibérer » ; la fable est alors considérée comme un apologue, c'est-à-dire comme un court récit de fiction aboutissant à une leçon morale.

Par quels moyens l'auteur essaye-t-il de persuader le lecteur ?

Ce but doit être atteint en ménageant le plaisir du lecteur : la démarche qui vise à persuader joue en effet sur l'affectif, sur les émotions que l'on peut susciter chez le lecteur, et qui vont permettre son adhésion à la thèse que défend l'auteur. Ce plaisir naît du récit que la fable présente : ce genre a en effet la particularité d'être un discours non seulement argumentatif, mais aussi narratif, et il faudra donc, lorsqu'on commente une fable, étudier les éléments qui peuvent susciter l'intérêt du lecteur et prêter attention, par exemple, à la progression du récit et à la manière dont l'auteur associe le descriptif, le narratif et les discours rapportés.

Quels personnages mettent en scène les fables ?

Les personnages de ces récits sont souvent — mais pas toujours — des animaux ou même des végétaux. On pourra examiner la manière dont l'auteur travaille sur les traits distinctifs attribués par l'opinion commune à certains animaux, et comment il parvient à mettre en scène à travers ces « personnages », des comportements humains qu'il peut alors critiquer librement.

En quoi l'écriture poétique sert-elle l'argumentation ?

Parce qu'elle est généralement rédigée en vers, la fable peut également être étudiée en tant que texte poétique, et le travail sur le langage que l'on peut observer dans les œuvres de La Fontaine justifie pleinement que l'on rattache ce genre à l'objet d'étude portant sur la poésie. Comme pour tout texte poétique, il faudra alors étudier le jeu sur les sonorités et les rimes, l'alternance des mètres, le travail sur les images. La versification est d'une grande créativité, et ces recherches ont toujours pour but de mettre en valeur certains aspects du récit, ainsi que la signification d'ensemble du texte.

Réponses aux questions préliminaires

La Fontaine est surtout connu comme l'auteur des *Fables*. Elles parurent en deux recueils, en 1668 et 1679, et remportèrent un succès immédiat. Son récit est emprunté à un auteur antique. L'important n'est pas l'originalité du sujet, mais la façon dont La Fontaine a développé le récit pour lui donner davantage de pittoresque et servir la leçon qu'il veut illustrer.

Comme l'indique le titre, les personnages principaux seront deux animaux, et la fable portera sur le thème de l'imitation.

Cette fable présente un récit, suivi d'une moralité énoncée en quelques vers.

On observe une alternance irrégulière des mètres (alexandrins et octosyllabes) et un système de rimes particulièrement complexe, qui donnent au récit davantage de variété.

Analyse du parcours de lecture (voir p. 50)

Analyse de la question 1

• *Relevé pour illustrer la progression du récit*

– Les vers 1 à 4 indiquent rapidement la situation de départ. Le modèle que va suivre le corbeau (l'aigle enlevant un mouton) est évoqué en un seul vers, la décision du corbeau est commentée plus longuement.

– Les vers 5 à 12 décrivent longuement les préparatifs de l'action, et rapportent au style direct le discours du corbeau.

– Le vers 13, par son rythme irrégulier et l'emploi du présent de narration, souligne la rapidité de l'action.

– Les vers 14 à 20 mettent en évidence les difficultés de l'entreprise, et annoncent l'échec du corbeau.

– Les vers 21-22 évoquent la fin cruelle de l'aventure. La fatalité qui s'abat sur le corbeau est suggérée par l'énumération des verbes et les accents fortement marqués du vers 21.

• *Relevé des procédés qui captivent l'intérêt*

– Le personnage central est clairement défini au vers 3. L'opposition des deux comparatifs qui le définissent annonce la suite du récit.

– Sa stratégie est décrite de façon très visuelle aux vers 5 à 13 : « Il tourne... Marque... en le couvant des yeux... il s'abat ».

– Le récit amplifie la beauté du mouton dans les vers 6 à 8 : hyperbole, double superlatif, lien avec les Dieux.

– Variété introduite dans le récit par l'insertion du discours rapporté au style direct.

– Retournement de situation aux vers 15 à 18 : la belle toison devient un piège (importance de cet élément mise en valeur par la position du mot en fin de vers et par l'enjambement).

– Complicité avec le lecteur renforcée par les références à la fable le « Corbeau et le Renard » (autre fable de La Fontaine) et à l'Odyssée (allusion à la barbe du cyclope Polyphème).

– Rapidité de la chute, intervention inattendue du berger qui punit le corbeau présomptueux.

Analyse de la question 2

• *Relevé pour illustrer la leçon indiquée par la moralité*

– La moralité est nettement distinguée du récit par la présence d'un blanc typographique et le passage des temps du récit au présent de vérité générale. De narrateur, le fabuliste devient ici moraliste.

– Le vers 23 tire clairement la leçon du récit qui a précédé, et l'idée de mesure est conforme à l'idéal classique : il faut s'estimer à sa juste valeur, mais aussi se garder de l'orgueil et de la démesure dans ses projets. Le vers 25 évoque la même idée ; le terme de « leurre », qui signifie en même temps appât et illusion, rappelle le piège dans lequel le corbeau s'est pris lui-même – Les vers 24, 26 et 27 développent tous la même leçon, chacun à leur manière. Au vers 24, la comparaison défavorable est soulignée par une figure de dérivation (« volereaux »/« voleurs »), et par le fait que les deux termes sont mis en valeur à l'hémistiche et en fin de vers. Au vers 27, la comparaison est suggérée par le parallélisme et l'opposition des verbes (passer/ demeure).

– Le vers 26 permet que la leçon, illustrée par des animaux, puisse s'appliquer aux hommes. La rime intérieure et le jeu des sonorités (allitération en « g », assonance en « an ») : « mangeurs de gens »/ « seigneurs » souligne alors le rapprochement effectué entre les prédateurs et les puissants.

RÉDACTION PARTIELLE

(Pour montrer comment rédiger le commentaire, nous avons rédigé la fin de la réponse à la question 2.)

Dès le début du récit, la mise en garde est partout présente, et indique que le corbeau va à sa perte. Ainsi, les vers 1 et 2 mettent en parallèle l'aigle, évoqué par une périphrase valorisante, et le corbeau : la disproportion entre les deux animaux, soulignée par les comparatifs du v. 3, montre que l'entreprise du corbeau sera vaine.

Cette disproportion s'aggrave encore lorsque le corbeau est mis en concurrence avec les Dieux : l'expression « Gaillard Corbeau », de style familier, contraste avec la référence aux Dieux. Le discours du « héros », aux vers 10 à 12, montre qu'il s'approprie le mouton avec une assurance présomptueuse, comme l'indique le futur : « Tu me serviras de pâture ». L'emploi de vers courts (v. 4, 12) renforce cette impression de détermination.

Le récit par ailleurs recourt à des schémas de rimes très différents : rimes plates (v. 5-6), mais aussi rimes croisées (v. 1-4, 11-14) et rimes embrassées (v. 7-10). Cette variété rend le récit plus plaisant, et peut marquer également la distance que le poète prend vis-à-vis de son histoire en soignant ce travail sur les rimes. La fin du récit est particulièrement ironique : le mouton, pourtant dévalorisé par deux périphrases (« L'animal bêlant », « La moutonnière créature ») réserve au corbeau une défaite qu'il n'attendait pas, mais que le lecteur pouvait prévoir dès le vers 6 (« le plus gras, le plus beau »). La métamorphose du corbeau transformé en « amusette » pour les enfants a quelque chose de cruel si on la compare à la première partie du récit qui, par les amplifications et les références mythologiques, donnait une dimension épique à cette aventure animalière. Le recours à un vocabulaire militaire (« le pauvre animal ne put faire retraite ») rappelle de façon ironique cette tonalité épique. Le lecteur attentif a donc pu comprendre la leçon bien avant d'arriver à la moralité.

3 Commenter un texte de théâtre

Le commentaire d'un texte théâtral s'inscrit principalement dans le cadre de l'objet d'étude « Le théâtre : texte et représentation », commun à toutes les premières des séries d'enseignement général et technologique. Mais secondairement, il peut entrer dans le cadre d'un autre objet d'étude.

Avant d'appliquer la méthodologie du commentaire, nous commencerons par présenter les principaux objectifs liés à l'objet d'étude. Puis nous rappellerons les outils spécifiques à l'étude du texte de théâtre.

LES PRINCIPAUX OBJECTIFS LIÉS À L'OBJET D'ÉTUDE

Selon les instructions officielles :

> On analysera le texte de théâtre en tenant compte des éléments sonores et visuels qui caractérisent sa représentation. Il s'agira de faire percevoir que ces éléments varient selon les genres, les registres et les époques, et que la réception d'un texte de théâtre se modifie à travers ses différentes mises en scène.

BO n° 40 du 2 novembre 2006.

La mise en relation du texte et de la représentation

L'orientation générale invite à confronter texte et représentation, à interroger la relation entre le théâtre comme texte et le théâtre comme spectacle, à se demander ce qu'est l'interprétation d'un texte, ce qu'est une mise en scène. Dans le cadre du commentaire, exercice de lecture, puis d'analyse écrite, les « aspects visuels et sonores » liés à la représentation seront forcément limités. Mais il faudra toujours avoir à l'esprit que le texte de théâtre est fait pour être dit, joué, vu et entendu. L'intitulé même de l'objet d'étude invite l'élève à ne jamais perdre de vue cette spécificité, et même à l'exploiter de façon privilégiée. Peut-être d'ailleurs un document iconographique viendra-t-il, dans le corpus d'ensemble du sujet, suggérer à l'élève cet aspect et l'aider à envisager la représentation théâtrale à partir d'une page de théâtre.

L'identification des genres et des registres

Cette réflexion sur la représentation théâtrale doit être menée, de façon ordonnée, dans le cadre d'un contexte culturel et littéraire. Un élève de première doit être capable de distinguer les principaux genres dramatiques et de mener une réflexion sur le concept de genre. Il faudra aussi que l'élève s'interroge sur la concordance entre genre et registre. Il est à souligner que la classe de première a pour objectif de prendre en compte des œuvres présentant à cet égard des mixités génériques complexes (tragi-comédie, drame, théâtre de l'entre-deux-guerres).

LES NOTIONS ET QUESTIONS CLÉS POUR ANALYSER UN TEXTE DE THÉÂTRE

Pour analyser un texte de théâtre, il est important de connaître les procédés de l'écriture théâtrale, afin d'être en mesure de poser une série de questions indispensables à la préparation du commentaire. Ces questions peuvent être regroupées autour de quatre grands axes : les genres et les registres, l'histoire, la parole, la représentation.

Comment identifier les genres et les registres au théâtre ?

En d'autres termes, comment identifier un texte théâtral ? Selon les époques, le théâtre se présente sous la forme de sous-genres précis, ou au contraire n'obéit pas à des contraintes de genre. Nous ne présenterons donc que quelques formes spécifiques.

Ainsi le théâtre classique du XVIIe siècle fonctionne-t-il avec deux grands genres clairement codifiés : la tragédie et la comédie classiques.

• *La tragédie classique* se caractérise par :

– ses personnages de haute noblesse ou à haute fonction gouvernementale, ses données spatio-temporelles éloignées des spectateurs (Grèce ou Rome antiques, histoire biblique) ;

– son intrigue qui repose sur un conflit entre l'individu et la collectivité et sur le poids de la fatalité sur l'exercice de la liberté individuelle (dans *Bérénice* de Racine, l'empereur Titus doit choisir entre son amour pour Bérénice et son rôle d'empereur des Romains) ;

– son dénouement malheureux ; elle suscite chez les spectateurs terreur, admiration et pitié, et joue donc sur les registres tragiques (expression d'un sentiment d'impuissance face à la fatalité), pathétique (expression d'une souffrance qui provoque la pitié des spectateurs), épique (expression d'une grandeur d'âme, d'une noblesse de l'action sur le mode de l'amplification et de l'exaltation), lyrique (expression des sentiments personnels sur le mode de l'émotion poétique) ; le niveau de langue des personnages est élevé, le ton est égal, tendu en permanence.

• *La comédie classique* se caractérise par :

– ses personnages de condition moyenne (petite et moyenne bourgeoisie, petite noblesse) ;

– le lieu et l'époque de la fiction, contemporains des spectateurs ;

– son intrigue qui repose sur des conflits individuels, des soucis quotidiens (argent, mariage) ;

– son dénouement heureux ; elle provoque le rire pour distraire, mais aussi pour délivrer un message moral, en mettant en lumière les défauts des hommes et de la société. Elle met, pour cela, en œuvre les registres comique, satirique (qui attaque les vices ou les ridicules de la société), burlesque (qui repose sur l'extravagance des propos et des actions dans le but de faire rire).

Parmi les genres théâtraux postérieurs, on peut citer au XIXe siècle le drame romantique puis, au XXe siècle, le théâtre de l'entre-deux-guerres et de l'Occupation et enfin le théâtre de l'absurde.

• *Le drame romantique*, lancé par Victor Hugo en 1830 avec *Hernani*, rejette cette séparation entre comédie et tragédie et se caractérise par un mélange de genres et de registres :
– des héros qui peuvent être de basse condition (*Ruy Blas*) et qui peuvent vivre des situations tragiques de façon noble ;
– une exploitation de tous les registres au cours de la pièce, le spectateur passant du rire à la pitié.

• *Le théâtre de l'entre-deux guerres et de la période de l'Occupation* se caractérise par la réécriture et l'actualisation de mythes antiques, sous des formes variées et libres, mêlant les registres (*Électre* de Giraudoux 1937, *Antigone* d'Anouilh 1944).

• *Le théâtre de l'absurde*, né dans les années 1950 (avec Ionesco et de Beckett), modifie profondément les formes théâtrales, en contestant radicalement les notions d'intrigue, de personnage et en renouvelant le fonctionnement du dialogue. Il s'intéresse à l'absurdité du langage et de la condition humaine.

Quelle que soit la forme théâtrale à étudier, il faudra que l'élève s'interroge sur les objectifs du théâtre : distraire, plaire ou émouvoir, mais aussi témoigner, enseigner, faire réfléchir ou délivrer un message.

Quelle histoire (ou intrigue) est mise en scène ?

L'élève doit situer le passage à commenter dans l'œuvre. Pour y parvenir, il doit être capable de déterminer à quelle phase de l'action dramatique (*drama* en grec ; d'où le sens de l'adjectif « dramatique » qui est synonyme de « théâtral ») le passage à étudier correspond. On peut distinguer trois grandes phases, de longueur inégale :

• *L'exposition* qui fait entrer le spectateur au cœur de l'action, en lui donnant des indications sur la situation initiale, le temps, le lieu et les personnages. Elle se déroule sur les premières scènes de la pièce (parfois tout l'acte I dans le théâtre classique).

• *Le nœud de l'action* constitue le cœur et le développement de la situation initiale. Il déploie une crise marquée par l'affrontement d'objectifs opposés. Les personnages s'affrontent en raison de leurs intérêts divergents. Des obstacles surgissent et des péripéties (événements indépendants de la volonté des personnages), qu'on appelle aussi coups de théâtre, quand elles ont un caractère imprévu et quelque peu invraisemblable, viennent perturber les desseins des uns et des autres.

• *Le dénouement* (comme l'annonce son lien étymologique avec le terme nœud) délie le nœud, met un terme à la crise, clôt l'action dramatique. Ce sont les dernières scènes de la pièce qui progressivement dénouent la crise (acte V dans le théâtre classique). Selon le genre théâtral et selon l'époque, ce dénouement sera heureux (comédie), malheureux (tragédie, drame), total (dramaturgie classique) — c'est-à-dire que le sort de chaque personnage sera réglé —, partiel et ouvert (dramaturgie plus contemporaine où la crise dramatique ne connaît pas de véritable issue).

Le commentaire de l'élève pourra prendre appui sur l'évolution de l'action. Il lui faudra apporter des réponses à une série de questions : est-ce que le passage à étudier a fait évoluer la situation ? Y a-t-il eu une prise de décision ? Les personnages ont-ils évolué ? Un événement imprévu s'est-il produit ?

Pour déterminer à quelle phase de l'histoire le texte à étudier appartient, l'élève peut également s'aider des découpages de la pièce et de l'évolution des personnages.

• *Le découpage temporel* : en théorie une pièce de théâtre représente une action sur scène en temps réel. Le déroulement de celle-ci est montré au spectateur qui vit les événements fictifs en même temps que les personnages les vivent. Mais en pratique pour qu'une action ait une certaine consistance, il faut plus de temps que les trois heures en moyenne que dure une représentation. C'est pourquoi les dramaturges découpent en général leur pièce en ensembles homogènes et continus (acte, tableau, journée), entre lesquels le temps de la fiction continue et des événements non montrés au public se déroulent. Les tragédies et les grandes comédies classiques (*Le Misanthrope* par exemple) se déroulent en cinq actes. Les comédies plus légères en trois actes. Ces grands ensembles peuvent être subdivisés à leur tour en « scènes ». Dans la dramaturgie classique (XVIIe et XVIIIe siècles), une scène correspond à l'arrivée ou à la sortie d'un personnage.

• *Les personnages* : ce sont eux qui vivent et qui disent l'action de la pièce. Ce sont des « actants » qui agissent les uns sur les autres, en fonction des rapports de force qui les relient. Ils peuvent être étudiés en fonction de :
– leur statut social qui est en partie décelable, à travers le choix de noms comme Phèdre, Andromaque, Œdipe qui renvoient à des héros de la mythologie grecque. Des noms comme Sganarelle et Arlequin renvoient aux valets de comédie. Les personnages sont aussi caractérisés par leur langage (niveau de langue, habileté ou faiblesse rhétoriques) qui trahit leur appartenance sociale ;
– leur rôle dans la pièce, qui peut être déterminé à l'aide du *schéma actantiel*. Il distingue six forces distinctes, que nous présenterons à l'aide du schéma du *Mariage de Figaro* de Beaumarchais : le *sujet* (Figaro, héros de l'histoire qui poursuit un objectif et oriente la progression de l'action. On peut parler aussi de protagoniste, terme qui désignait le premier acteur dans la tragédie grecque) ; l'*objet* (Suzanne, ce que le héros-sujet vise) ; l'*adjuvant* (la comtesse, qui aide le sujet ; on peut remarquer que ce rôle est beaucoup plus souvent donné au valet, qui est rarement le sujet de l'action) ; l'*opposant* (le comte Almaviva, qui fait obstacle à l'objectif du sujet, puisqu'il convoite, dans cette pièce le même objet que son valet, la jolie Suzanne) ; le *destinateur* (cette force qui pousse le sujet à agir est double dans notre exemple ; c'est l'amour d'une part, et d'autre part un désir d'émancipation sociale) ; le *destinataire* (au-delà de Figaro et de Suzanne qui seront les premiers bénéficiaires de l'action, c'est la société française de l'époque qui peut puiser dans cette réussite un modèle d'émancipation sociale). Ce schéma est plus ou moins complet et plus ou moins complexe selon les pièces (il peut y avoir deux sujets, plusieurs opposants, plusieurs adjuvants...).

Comment fonctionne la parole théâtrale ?

Une pièce de théâtre est une action en paroles. Le dialogue est la matière même de l'action et de la représentation. L'élève devra se poser alors une série de questions : qui parle ? à qui ? dans quel but ? de quelle manière et avec quelle réussite ?

• *Qui parle ?* Dans un échange, il faut examiner qui sont les personnages présents sur scène et quels sont ceux qui prennent la parole. La prise de parole, appelée *réplique*, est le signe d'un rapport de force.

• *À qui parle le personnage de théâtre ?* Le texte théâtral se caractérise par la *double énonciation* : la parole s'adresse à la fois aux personnages de la fiction dramatique, mais aussi au public, qui devient un second destinataire, toujours présent qui entend et voit tout ce qui se passe sur scène, contrairement aux différents personnages. Des signes trahissent donc cette présence constante du public et cette double destination : le *monologue*, l'*aparté* (un personnage baisse la voix pour se parler à lui-même ou pour ne s'adresser qu'à l'un des personnages présents sur scène, sans être entendu des autres interlocuteurs, mais en étant entendu du public), la rupture de l'illusion théâtrale (le personnage s'adresse directement au public, brisant ainsi l'illusion et jouant de la complicité avec le public).

• *Dans quel but ?* Au théâtre la parole est acte, elle a une valeur pragmatique. Par la parole, le personnage essaie d'agir sur son interlocuteur afin de faire évoluer la situation.

• *De quelle manière ?* Pour étudier l'efficacité de la parole et les rapports de force entre les interlocuteurs, il convient d'examiner le volume, la répartition et l'enchaînement des répliques :

– Le volume des répliques : quand une réplique prend un volume imposant (à partir de quinze lignes ou vingt vers en moyenne) on parle de *tirade*. La tirade est le signe d'une maîtrise de la parole et donc de l'échange. Elle montre aussi le désir d'approfondir un sujet. Elle a pour effet de ralentir le rythme de l'échange. Quand, au contraire, l'échange se fait plus vif, à l'aide d'une succession de répliques courtes, de volume égal, de formes similaires (du point de vue de la syntaxe et du lexique notamment), on parle de *stichomythie*. L'échange donne alors lieu à un véritable duel verbal entre deux personnages, qui ne veulent ni l'un ni l'autre céder du terrain dans la maîtrise de la parole et de l'action.

– La répartition des répliques : pour évaluer cette répartition, l'élève se posera les questions suivantes : qui parle le plus souvent ? Qui

est là, mais ne parle pas, ou très peu ? Qui veut parler, mais n'y arrive pas vraiment ? Comment circule la parole d'un personnage à l'autre ?
– L'enchaînement des répliques : l'élève devra, à ce propos, examiner le rôle des points de suspension en fin de réplique. Ils peuvent, en règle générale, signifier deux faits : soit le locuteur est coupé par l'interlocuteur qui ne lui laisse pas le temps de finir son propos ; soit le locuteur est pris d'une hésitation, d'un doute qui le réduit pour un temps au silence et laisse la place à l'interlocuteur.
• *Y a-t-il réussite de l'échange ?* Il sera utile, après avoir examiné tous ces éléments, de se demander si l'échange est réussi. S'il y a eu affrontement, cet affrontement a-t-il mené à quelque chose : l'un des interlocuteurs a-t-il changé d'avis ? Ou au contraire chacun est-il resté sur ses positions ?

Quelle est la représentation scénique ? Que voit le spectateur ?

Le théâtre est avant tout destiné à être joué sur scène. Il faut donc toujours avoir à l'esprit une mise en scène possible du texte. L'élève doit repérer les éléments qui vont permettre au texte de « vivre » sur la scène avec des acteurs, en un lieu, une durée, avec un public : les didascalies, la mise en scène, la voix, la gestuelle et les objets importent particulièrement.
• *Les didascalies* : ce terme désigne les indications de mise en scène données par l'auteur de la pièce lui-même (le dramaturge). Elles peuvent :
– être très nombreuses (dans le drame romantique par exemple, ou dans le théâtre de Beckett), ou au contraire réduites à la simple indication du nom des personnages qui prennent la parole, et à l'indication du lieu initial de l'action ;
– signaler une intonation, un geste, une attitude ;
– préciser des éléments de décor et de costumes.

L'élève devra distinguer les didascalies (qui sont le fait du dramaturge et appartiennent au texte écrit) des choix de mise en scène.

• *La mise en scène* : face à la production écrite que constitue une pièce de théâtre, tout metteur en scène doit faire des choix d'interprétation du texte d'abord, puis de mise en spectacle du texte. Quand les didascalies sont très peu nombreuses, comme dans le théâtre classique, il doit inventer un décor, des costumes, des jeux de lumière, avec des moyens aujourd'hui bien supérieurs à ceux du XVIIe siècle par exemple (notamment pour l'éclairage). Quand les didascalies sont très abondantes, il peut les suivre docilement, ou s'en écarter. Le metteur en scène est le deuxième créateur du spectacle théâtral.

• *La voix* : l'intonation et l'intensité d'une prise de parole peuvent se lire à travers les lignes : une émotion trop forte brise la parole et est marquée par les points de suspension ; une exacerbation des sentiments peut se lire à travers l'accélération du rythme des propos ; l'étonnement ou l'incompréhension peuvent se déceler à travers des propos incohérents.

• *La gestuelle* : quand elle n'est pas indiquée explicitement par les didascalies, elle peut tout de même se deviner dans les répliques. Tel propos peut impliquer qu'il y ait eu un échange de regards, tel autre qu'il y ait eu un mouvement de rapprochement ou au contraire de recul. La parole mime souvent, ou du moins évoque un geste.

• *Les objets* : ils sont soit indiqués par les didascalies, soit évoqués par le dialogue, soit ajoutés par le metteur en scène. On peut relever :

– des outils de l'action (l'épée, le flacon de poison, le costume du déguisement, la lettre) ;

– des objets-signes, chargés symboliquement et constituant l'essentiel du décor (le lit conjugal, le trône du roi, la fenêtre voie vers la liberté) ;

– des matériaux dramaturgiques qui viennent dynamiser l'espace scénique dans lequel les acteurs-personnages vont évoluer ; ils découpent l'espace et motivent par là même les mouvements des acteurs-personnages, mais aussi leurs gestes, puisqu'un objet peut-être manipulé.

Pour appliquer la méthode du commentaire au texte théâtral, nous nous appuierons sur trois exemples : un dialogue comique en phase d'exposition, un monologue dramatique, un récit en phase de dénouement.

COMMENTER UN DIALOGUE COMIQUE

SUJET 7 (séries technologiques)

Objet d'étude : le théâtre, texte et représentation

Éléments traités : rédaction de la première partie du commentaire – plan de la deuxième partie

TEXTE

Molière (1622-1673), *Le Misanthrope* (1666), acte I, extrait de la scène 2.

[Alceste, le « misanthrope », cultivé et homme de goût, est sollicité par Oronte, un mondain, qui se mêle de poésie et lui demande son sincère avis sur le sonnet qu'il vient de composer. Philinte, ami d'Alceste assiste aussi à la scène.]

ORONTE

« Sonnet… » C'est un sonnet. « L'espoir… » C'est une dame
Qui de quelque espérance avait flatté ma flamme.
« L'espoir… » Ce ne sont point de ces grands vers pompeux,
Mais de petits vers doux, tendres et langoureux.
(À toutes ces interruptions, il regarde Alceste.)

ALCESTE

Nous verrons bien.

ORONTE

« L'espoir… » Je ne sais si le style
Pourra vous en paraître assez net et facile,
Et si du choix des mots vous vous contenterez.

ALCESTE

Nous allons voir, monsieur.

ORONTE

Au reste, vous saurez

Que je n'ai demeuré qu'un quart d'heure à le faire.

ALCESTE

Voyons, monsieur ; le temps ne fait rien à l'affaire.

ORONTE

L'espoir, il est vrai, nous soulage
Et nous berce un temps notre ennui ;
Mais, Philis, le triste avantage
Lorsque rien ne marche après lui !

PHILINTE

Je suis déjà charmé de ce petit morceau.

ALCESTE, *bas.*

Quoi ! vous avez le front de trouver cela beau ?

ORONTE

Vous eûtes de la complaisance ;
Mais vous en deviez moins avoir
Et ne vous pas mettre en dépense
Pour ne me donner que l'espoir.

PHILINTE

Ah ! qu'en termes galants ces choses-là sont mises !

ALCESTE, *bas.*

Morbleu ! vil complaisant, vous louez des sottises ?

ORONTE

S'il faut qu'une attente éternelle
Pousse à bout l'ardeur de mon zèle,
Le trépas sera mon recours.
Vos soins ne m'en peuvent distraire ;
Belle Philis, on désespère
Alors qu'on espère toujours.

PHILINTE

La chute en est jolie, amoureuse, admirable.

ALCESTE, *bas.*

La peste de ta chute, empoisonneur au diable !
En eusses-tu fait une à te casser le nez !

PHILINTE

Je n'ai jamais ouï de vers si bien tournés.

ALCESTE, *bas.*

Morbleu !

ORONTE

Vous me flattez, et vous croyez peut-être…

PHILINTE

Non, je ne flatte point.

ALCESTE, *bas.*

Et que fais-tu donc, traître ?

ORONTE, *à Alceste.*

Mais, pour vous, vous savez quel est notre traité :
Parlez-moi, je vous prie, avec sincérité.

Commentaire

Vous commenterez cet extrait du *Misanthrope* en vous aidant du parcours de lecture suivant :

1. Montrez les qualités de ce dialogue à trois personnages.
2. À quoi tient la force du comique dans ce passage ?

PRÉPARER LE COMMENTAIRE

Dans un travail préliminaire, nous nous attacherons à exposer les questions à se poser et les connaissances à mobiliser pour étudier ce dialogue théâtral comique, en phase d'exposition. Puis nous analyserons le parcours de lecture.

Notions et questions clés pour analyser un dialogue théâtral

– Quel est le rythme du dialogue ? Il faut compter les répliques, examiner leur volume pour se rendre compte du rythme (vif, modéré ou lent, en crescendo ou en decrescendo) du dialogue. Pour y parvenir, l'élève se posera une série de questions intermédiaires : combien y a-t-il de personnages présents sur scène ? Qui parle ? À qui ? Qui parle le plus souvent ? Qui a l'initiative de la parole ? Plus les personnages sur scène sont nombreux, plus la circulation de la parole peut être complexe. Le personnage qui domine l'échange prend souvent le dessus sur ses interlocuteurs.

– Quel est le but de chacun des interlocuteurs ? Pour comprendre le but de chaque interlocuteur, l'élève devra se demander quel est le statut de chacun : sujet ? objet ? adjuvant ? opposant ? À travers le dialogue se dessinent les rapports de force entre les personnages et leur rôle par rapport à l'action de la pièce.

– Que font les personnages sur scène ? Pour suivre l'action des personnages, l'élève doit tenir compte des didascalies, ainsi que du contenu des propos. Parler à l'un ou à l'autre suppose des mouvements sur scène et éventuellement une gestuelle.

– Le dialogue véhicule-t-il un message ? De cette question découle toute une série d'interrogations auxquelles l'élève va devoir apporter une réponse : peut-on juger les différents personnages ? L'un des personnages est-il le porte-parole de l'auteur ou d'une certaine morale ? Vers qui va aller la sympathie du public ?

Notions pour analyser les formes du comique

On distingue plusieurs formes de comique :

– Le comique verbal, qui naît de l'utilisation du langage (jeux de mots, décalage entre mots et réalité, invention verbale, répétition) ;

– Le comique de gestes, qui procède des mimiques, des postures, des déplacements, des jeux de scène. Plus les gestes sont spectaculaires et marqués, plus on se rapproche de la farce ou du cirque ;

– Le comique de situation, qui vient du caractère cocasse de la situation qui oblige les personnages à mentir, à paraître autres qu'ils ne sont. Il vient aussi du décalage entre les personnages (un valet dupant son maître), de quiproquos lorsque le dialogue fonctionne sur des malentendus ;

– Le comique de mœurs et de caractère : le dramaturge critique, en se moquant, tel ou tel travers des hommes ou de la société.

Notions et questions clés pour analyser une scène d'exposition

La scène 2 de l'acte I à commenter s'inscrit à un moment précis de la pièce : l'exposition. Quand le rideau s'ouvre, le spectateur est invité à pénétrer au cœur de tranches de vie, qui sont censées se dérouler sous ses yeux. L'exposition doit lui donner les éléments nécessaires pour comprendre ce qu'il a sous les yeux. L'élève doit donc se poser une série de questions spécifiques :

– Qui sont les personnages sur scène ? Les répliques doivent délivrer des noms et des statuts sociaux ;

– Où vivent-ils, à quelle époque ? À quel moment de la journée commence la pièce ? Ces données spatio-temporelles peuvent être données par les répliques, ou par les décors et les costumes.

– Quelle va être l'intrigue principale de la pièce ? Comment se présente l'action ? Qui oppose-t-elle ? Que visent les personnages ?

– Sous quelle forme ces informations sont-elles données au spectateur ? Rapidement ou progressivement ; totalement ou de façon lacunaire ; par un seul personnage au cours d'un discours narratif ou par plusieurs qui détiennent chacun des informations.

– La scène répond-elle aux attentes du spectateur face à un passage d'exposition ? Ses interrogations trouvent-elles une réponse ?

Réponses aux questions préliminaires

L'élève apporte les réponses aux questions préliminaires posées sur le texte et sur le paratexte. Ces réponses vont nourrir l'introduction et orienter le commentaire.

Ce texte de Molière appartient à la comédie classique ; nous sommes au début de la pièce (acte I, scène 2), donc encore en phase d'exposition ; le texte est en alexandrins à rimes plates, comme il est d'usage dans les tragédies et les grandes comédies classiques. Le sonnet d'Oronte est un texte dans le texte (comme le signale la typographie). Il est en octosyllabes et suit les règles habituelles du sonnet. Le titre de la pièce nous annonce un caractère, le misanthrope.

RÉDACTION PARTIELLE (première partie)

Ce passage est d'une grande force dramaturgique pour plusieurs raisons. D'abord, il est d'une grande virtuosité dans la circulation de la parole. Molière, en effet, exploite toutes les possibilités du dialogue à trois personnages : Oronte parle à Alceste de qui il attend un avis sincère, mais est aussi entendu de Philinte ; Philinte répond à Oronte sans y être invité – c'est plutôt lui qui donne l'avis flatteur qu'attend intérieurement Oronte – mais ne répond pas aux propos indignés d'Alceste qui s'adressent pourtant à lui ; Alceste parle tantôt à Oronte, en se contenant, tantôt à Philinte, en laissant éclater sa colère. On peut souligner aussi que la communication entre Philinte et Alceste est une communication parallèle qui ne doit pas être entendue d'Oronte.

De plus, la scène est rendue compliquée par la lecture du sonnet. Elle se double donc d'une scène de débat littéraire. Le jury est composé d'Alceste, de Philinte mais aussi du public. Dès lors, chaque mouvement du sonnet est judicieusement interrompu, quatrain par quatrain d'abord, puis les deux tercets ensemble. Le public a ainsi le temps de juger de la qualité du sonnet.

Or cette lecture crée aussi un comique de répétition qui retarde la lecture du sonnet : « Sonnet… » C'est un sonnet. « L'espoir ». Le premier mot du sonnet est répété trois fois. La répétition grossit le caractère convenu et artificiel du sonnet avant même la lecture.

Enfin, la réussite du dialogue tient également à la variété et au dynamisme dans l'enchaînement des répliques. On a affaire à un échange vif : vingt et une réplique pour trente-cinq vers ! Or Molière joue sur les effets de continuité et de rupture : Oronte se coupe lui-même ; puis il est coupé à son tour par Philinte qui le flatte et par Alceste qui réagit en aparté en laissant éclater sa colère. Un effet d'attente est alors ménagé : dans la lecture du sonnet (comme déjà précisé plus haut) et dans la réaction au grand jour d'Alceste. À la fin du passage, on se demande comment Alceste va réagir.

PLAN DÉTAILLÉ (deuxième partie)

I/UNE SITUATION DÉLICATE : exploitation du comique de situation. Un sincère (Alceste) doit répondre à un mondain (Oronte) ; un flatteur (Philinte) retarde l'éclat prévisible si le sincère répond sincèrement !

II/LE COMIQUE VERBAL : parole précieuse, parole flatteuse, parole indignée

– Le caractère affecté des propos d'Oronte fait sourire (« Ce ne sont point de ces grands vers pompeux »,/« Mais de petits vers doux, tendres et langoureux », v. 3-4).

– Les clichés, les images incohérentes, la pauvreté des rimes du sonnet.

– La flatterie de Philinte, toute convenue (lexique attendu, « charmé », v. 16 ; « galants », v. 22 ; « chute », v. 30 ; « vers si bien tournés », v. 33).

– Caractère cru et passionné des propos d'Alceste : jurons (« Morbleu », v. 23), invective (« empoisonneur au diable », « traître », v. 34-35).

– Effets de reprise et de contraste : reprise de « chute » ; opposition entre « termes galants » et « sottise » (v. 22-23).

III/LE COMIQUE DE CARACTÈRE : l'être contre le paraître

– Contraste physique des deux personnages qui relève du comique de geste : le mouvement d'approche d'Oronte s'oppose au mouvement de recul d'Alceste ; comique aussi dans l'attitude un peu pompeuse que semble devoir prendre Oronte à la lecture de son poème ; en contrepoint, réaction de dégoût que cela doit provoquer dans l'attitude d'Alceste ;

– Oronte, caricature du mondain, vaniteux qui croit en son talent poétique mais qui avoue, naïvement, n'avoir mis qu'un quart d'heure à composer le sonnet ;

– Philinte, maître du paraître, utilise une parole mensongère, ne serait-ce que par son caractère hyperbolique (« Je n'ai jamais ouï de vers si bien tournés », v. 33). Il privilégie les convenances et la bienséance sur la sincérité ;

– Alceste fait sourire par son impatience et sa colère rentrée.

On attend de voir s'il va mentir à son tour ou laisser éclater la vérité de son jugement, si c'est l'être qui va triompher au lieu du paraître.

(Pour conclure, on pourrait insister sur le fait que dès la deuxième scène de la pièce, c'est toute la personnalité du personnage principal, Alceste, qui va être dévoilée au spectateur, par ce test concret que lui impose Molière. Après une présentation « théorique » du personnage à la scène 1, c'est l'exposition qui se prolonge par une révélation en actes du misanthrope.)

COMMENTER UN MONOLOGUE DE DRAME ROMANTIQUE

SUJET 8 (séries générales)

Objet d'étude : le théâtre, texte et représentation

Élément traité : plan détaillé du commentaire

TEXTE

Victor Hugo (1802-1885), *Ruy Blas* (1838), acte II, scène 2.

[Don Salluste, Grand d'Espagne, homme machiavélique, a été contraint à l'exil sur intervention de la Reine d'Espagne. Il va utiliser son valet, Ruy Blas, qui est secrètement amoureux de la reine, pour se venger de celle-ci. La jeune femme, délaissée par son mari, est contrainte par l'étiquette très stricte de la cour d'Espagne à se consacrer à « ses dévotions » religieuses.]

LA REINE, *seule.*

À ses dévotions ? dis donc à sa pensée !
Où la fuir maintenant ? seule ! Ils m'ont tous laissée.
Pauvre esprit sans flambeau dans un chemin obscur !
Rêvant.
Oh ! cette main sanglante empreinte sur le mur !
Il s'est donc blessé ? Dieu ! — mais aussi c'est sa faute.
Pourquoi vouloir franchir la muraille si haute ?
Pour m'apporter les fleurs qu'on me refuse ici,

Pour cela, pour si peu, s'aventurer ainsi !
C'est aux pointes de fer qu'il s'est blessé sans doute.
Un morceau de dentelle y pendait. Une goutte
De ce sang répandu pour moi vaut tous mes pleurs.

S'enfonçant dans sa rêverie.

Chaque fois qu'à ce banc je vais chercher les fleurs,
Je promets à mon Dieu, dont l'appui me délaisse,
De n'y plus retourner. J'y retourne sans cesse.
– Mais lui ! voilà trois jours qu'il n'est pas revenu.
– Blessé ! — qui que tu sois, ô jeune homme inconnu !
Toi qui, me voyant seule et loin de ce qui m'aime,
Sans me rien demander, sans rien espérer même,
Viens à moi, sans compter les périls où tu cours ;
Toi qui verses ton sang, toi qui risques tes jours
Pour donner une fleur à la reine d'Espagne ;
Qui que tu sois, ami dont l'ombre m'accompagne,
Puisque mon cœur subit une inflexible loi,
Sois aimé par ta mère et sois béni par moi !

Vivement et portant la main à son cœur.

– Oh ! sa lettre me brûle !

Retombant dans sa rêverie.

Et l'autre ! l'implacable
Don Salluste ! le sort me protège et m'accable.
En même temps qu'un ange un spectre affreux me suit ;
Et, sans les voir, je sens s'agiter dans ma nuit,
Pour m'amener peut-être à quelque instant suprême,
Un homme qui me hait près d'un homme qui m'aime.
L'un me sauvera-t-il de l'autre ? Je ne sais.
Hélas ! mon destin flotte à deux vents opposés.
Que c'est faible une reine et que c'est peu de chose !

Commentaire

Vous commenterez cet extrait de *Ruy Blas* de Victor Hugo.

Dans un travail préliminaire, nous nous attacherons à exposer les questions à se poser et les connaissances à mobiliser pour étudier ce monologue de drame romantique. Puis nous proposerons un plan détaillé du commentaire.

Notions clés pour analyser un monologue

Définition du monologue

Un monologue est une tirade prononcée par un personnage seul ou qui se croit seul. Dans la dramaturgie classique, il constitue donc une scène à lui seul.

Les fonctions du monologue

Le monologue a des fonctions communes avec les autres types de scène (informer, exprimer les sentiments d'un personnage, faire avancer l'action par une prise de décision), mais ces fonctions prennent une tournure spécifique, parce que le monologue est le lieu de la vérité :

– Il révèle la personnalité véritable d'un personnage. En l'absence du regard des autres, le personnage monologuant laisse éclater ses vrais sentiments sous le regard du public. Un personnage qui aurait pu avancer masqué jusqu'alors, lève son masque face au public (un personnage de traître par exemple).

– Il permet l'expression lyrique des sentiments, heureux ou malheureux. Il est le lieu des élans du cœur, sous le mode poétique.

– Il peut avoir une fonction dramatique quand il prend la forme du monologue délibératif. Le personnage prend alors la parole sous le mode de l'introspection. Il cherche en lui-même, en délibérant avec lui-même, la solution au conflit ou dilemme qui le déchire. Le monologue délibératif peut donc s'achever sur une prise de décision fondamentale dans la progression de l'action, surtout si le personnage est le sujet du schéma actantiel de la pièce. Il faudra donc soigneusement examiner la structure du monologue, se demander s'il prend une forme argumentative (si le personnage doit faire un choix, il présentera des arguments) et enfin repérer la tonalité dominante.

Réponses aux questions préliminaires

Cette scène est extraite d'un drame romantique en alexandrins à rimes plates. Il sera important de repérer les spécificités de l'alexandrin romantique volontiers désarticulé et bousculé par Hugo. De plus, la scène se passe dans une Espagne très respectueuse de la religion catholique, à la fin du XVIIe siècle.

Formulation de la problématique

En se demandant à quoi sert ce monologue, ce qu'une reine d'Espagne y exprime, l'élève en arrivera à voir comment Hugo fait de ce personnage historique une héroïne romantique et à quels moyens spécifiques à sa démarche poétique et dramaturgique il a recours pour parvenir à cet objectif.

PLAN DÉTAILLÉ

I/LA RÉVOLTE D'UNE REINE

1 <u>Un monologue libérateur</u>

– La reine rejette (après le départ de sa suite) les consignes de l'étiquette ; agacement marqué par interrogations et exclamations ironiques et dépitées (« À ses dévotions ? dis donc à sa pensée ! », v. 1).
– La reine devait prier la Vierge, elle se met à rêver : par trois fois, les didascalies indiquent que la reine rêve.
– La reine imagine un dialogue avec son chevalier servant ; ce dialogue prend la forme d'une prière non à la Vierge, mais à l'inconnu (invocation « ô jeune homme », v. 18 ; impératif « viens à moi », v. 21 ; souhait « sois aimé [...] sois béni », v. 26).

2 <u>L'agitation du personnage</u>

– Agitation justifiée par le conflit intérieur de la reine, entre son désir et son devoir de reine (asyndète entre « Je promets à mon dieu [...]/ De n'y plus retourner. J'y retourne sans cesse. » Il n'y a pas de mot de liaison entre les deux phrases, mais il y a une opposition implicite, rendue ainsi d'autant plus forte.).
– Agitation physique (« Vivement portant la main à son cœur »/ « — Oh ! sa lettre me brûle ! », v. 27-28).

– Agitation verbale : multiplication des exclamatives ; phrases courtes, phrases nominales (« Blessé ! », v. 18) ; répétitions (« Toi qui » en anaphore, v. 19, 22) ; vers disloqués par enjambements (« l'implacable/Don Salluste », v. 29-30), par mise en attente du verbe et par ponctuation appuyée qui multiplie les pauses dans le vers et le rend heurté (« Pour m'apporter les fleurs qu'on me refuse ici, »/« Pour cela, pour si peu, s'aventurer ainsi !, v. 8-9).
– Ampleur rythmique : une phrase en huit vers, depuis « Toi qui verses ton sang… » jusque « sois béni par moi » (v. 22-26).

II/La rêverie romantique d'une reine

1 Peinture d'une âme en mal d'amour
– Une femme délaissée : l'adjectif « seule » est isolé au milieu du deuxième vers du passage ; « ils m'ont tous laissée » : dans le pronom « tous » il faut comprendre sa suite, sa confidente et surtout son mari, le roi.
– Une femme en détresse qui se présente comme un personnage faible et fragile : « Pauvre esprit sans flambeau dans un chemin obscur » (v. 3), l'antithèse « flambeau »/«obscur » montre la noirceur des sentiments de la reine et l'absence de repères ; « Que c'est faible une reine et que c'est peu de chose » (v. 37), opposition entre le titre, « reine » et les faits, « peu de chose ».
– Une femme pleine d'aspiration romanesque, séduite par la témérité désintéressée de l'inconnu (« toi qui verses ton sang », v. 22), intriguée par le mystère (« Qui que tu sois », v. 24).
– Un registre épique : « périls », « verses ton sang », « risques tes jours » (v. 21-22).

2 Le rôle des objets
– Aspect fétichiste de l'amour qui naît entre les deux protagonistes. Les objets sont les médiateurs du sentiment amoureux qui se reporte sur eux : l'empreinte de la main, la goutte de sang, les fleurs, la dentelle, la lettre.
– Objets symboles d'un amour courtois : amour médiéval qui se définit par son caractère impossible (la dame aimée est mariée) et idéalisé (la dame est objet de vénération et de dévouement amoureux).

– Rôle dramaturgique des objets : ils sont manipulés par l'acteur et peuvent donner lieu à de multiples jeux de scène.

III/UN PERSONNAGE FACE À SON DESTIN

1 Le rôle de l'antithèse

– La rêverie amoureuse se transforme en vision prémonitoire à partir du vers qui présente Don Salluste, incarnation du mal, avec le pronom indéfini méprisant « l'autre » (v. 35) associé par l'enjambement à Don Salluste.

– Trois antithèses sont développées : « le sort me protège et m'accable » (v. 30), « En même temps qu'un ange un spectre affreux me suit » (v. 31), « un homme qui me hait près d'un homme qui m'aime » (v. 34). L'antithèse présente de façon manichéenne le destin de la reine. Le bien est incarné par l'inconnu (Ruy Blas), le mal par Don Salluste.

– La reine englobe dans un pressentiment (« je sens », « peut-être », « je ne sais », v. 32-35) les deux hommes qui, sans qu'elle le sache, ont partie liée.

2 La toile d'araignée se tisse

– La reine est déjà prise au piège du fourbe Don Salluste et elle en a un vague pressentiment. L'image du destin, qui « flotte à deux vents opposés » (v. 31) montre que toute la pièce se résume dans la question suivante : est-ce le bien ou le mal qui va triompher ?

– Don Salluste était ici en terrain favorable : piéger la reine sur le terrain amoureux est chose facile, tellement cette femme a besoin d'affection (« Puisque mon cœur subit une inflexible loi », v. 25).

– Symboliquement le valet, Ruy Blas, est placé du côté du bien, « ange » qui « protège » la reine. C'est bien lui le héros de la pièce, comme l'indique le titre éponyme.

SUJET 9 (séries générales)

Objet d'étude : théâtre, texte et représentation

Élément traité : plan détaillé du commentaire

TEXTE

Jean Giraudoux (1882-1944), *Électre* (1937), extrait de la scène 9, de l'acte II, © Éditions Bernard Grasset.

[Cette pièce revisite le mythe antique des Atrides : elle montre comment Électre découvre progressivement la vérité à propos du meurtre de son père Agamemnon par sa mère Clytemnestre, puis comment elle va utiliser son frère Oreste pour assouvir sa vengeance. Nous sommes à l'avant-dernière scène de la pièce, le mendiant, personnage mystérieux qui semble en savoir aussi long que les dieux eux-mêmes, raconte à Électre, à une vieille femme (la femme Narsès) et à d'autres mendiants l'accomplissement du double meurtre final.]

LE MENDIANT. — Alors voici la fin. La femme Narsès et les mendiants délièrent Oreste. Il se précipita à travers la cour. Il ne toucha même pas, il n'embrassa même pas Électre. Il a eu tort. Il ne la touchera jamais plus. Et il atteignit les assassins comme ils parlementaient avec l'émeute, de la niche en marbre. Et comme Égisthe penché disait aux meneurs que tout allait bien, et que tout désormais irait bien, il entendit crier dans son dos une bête qu'on saignait. Et ce n'était pas une bête qui criait, c'était Clytemnestre. Mais on la saignait. Son fils la saignait. Il avait frappé au hasard sur le couple, en fermant les yeux. Mais tout est sensible et mortel dans une mère, même indigne. Et elle n'appelait ni Électre, ni Oreste, mais sa dernière fille Chrysothémis, si bien qu'Oreste avait l'impression que c'était une autre mère, une mère innocente qu'il tuait. Et elle se cramponnait au bras droit d'Égisthe. Elle avait raison, c'était sa seule chance désormais dans la vie de se tenir un peu debout. Mais elle empêchait Égisthe de dégainer. Il la secouait pour reprendre son bras, rien à faire. Et elle était trop lourde aussi pour servir de bouclier. Et il y avait encore cet oiseau qui le giflait de ses ailes et l'attaquait du bec. Alors il lutta. Du seul bras gauche sans armes, une reine morte au bras droit avec colliers et pendentifs, désespéré de mourir en criminel quand tout de lui était devenu pur et sacré, de combattre pour un crime qui n'était plus le sien et, dans tant de loyauté et d'innocence, de se trouver l'infâme en face de ce parricide, il lutta de sa main que l'épée découpait peu à peu, mais le lacet de sa cuirasse se prit dans une agrafe de Clytemnestre, et elle s'ouvrit. Alors il ne résista plus, il secouait seulement son bras droit, et l'on sentait que s'il voulait maintenant se débarrasser de la reine, ce n'était plus pour combattre seul, mais pour mourir seul, pour être couché dans la mort loin de Clytemnestre. Et il n'y est pas parvenu. Et il y a pour l'éternité un couple Clytemnestre-Égisthe. Mais il est mort en criant un nom que je ne dirai pas.

LA VOIX D'ÉGISTHE, *au-dehors*. — Électre…

LE MENDIANT. — J'ai raconté trop vite. Il me rattrape.

Commentaire

Vous commenterez cet extrait d'*Électre* de Jean Giraudoux.

PRÉPARER LE COMMENTAIRE

Dans un travail préliminaire, nous nous attacherons à exposer les questions à se poser et les connaissances à mobiliser pour étudier un récit tragique en phase de dénouement. Puis nous proposerons un plan détaillé du commentaire.

Notions et questions clés pour l'analyse

Les caractéristiques du discours narratif au théâtre

Une tirade ou un monologue peuvent prendre une tournure narrative. Quand un personnage vient raconter sur scène, à un autre personnage et au public, des faits antérieurs à l'action de la pièce, le récit est alors au service de l'exposition et vient informer. Quand un personnage vient raconter des événements qui se sont produits en dehors de la scène, il est chargé de faire connaître ce qui n'a pas pu être représenté sur scène. Il fait alors appel à l'imagination du spectateur et doit trouver les mots, les images et le ton pour que le spectateur puisse recréer lieux et actions. On peut parfois parler d'hypotypose qui peint les choses de façon si énergique, qu'elle fait du récit un tableau vivant des faits rapportés. Dès lors, dans la dramaturgie classique, le discours narratif vient souvent servir la règle de bienséance qui préconise qu'aucune violence ne soit représentée sur scène. L'horreur d'un meurtre, d'un duel, ne sera plus « visible » que par les mots du récit.

Les questions clés pour analyser un dénouement

– Le dénouement est-il complet ? Pour répondre à cette question il faut se demander si le sort de tous les personnages est réglé.
– Le dénouement est-il ouvert ou fermé ? La note finale peut envisager l'avenir ou au contraire clore définitivement l'intrigue. Il faut bien examiner le comportement et les paroles des personnages présents. Sont-ils prêts à réagir ? Acceptent-ils leur sort ?
– Le dénouement est-il heureux, malheureux, ambigu ?
– Le dénouement était-il nécessaire ou au contraire imprévisible ? C'est là que peut intervenir un coup de théâtre qui vient régler tous les problèmes.
– Le dénouement est-il rapide ou progressif ? Si, en un passage, le sort de tous les personnages est réglé, le dénouement est dense et rapide. Si, au contraire, il faut plusieurs scènes pour tout résoudre, il est lent et progressif.

Réponses aux questions préliminaires

Ce texte nous raconte deux crimes tragiques qui appartiennent à l'univers des mythes antiques. L'intérêt n'est donc pas tant dans le contenu du dénouement, bien connu du public, mais dans la forme qu'il prend.

Formulation de la problématique

L'enjeu du passage réside dans la façon dont Giraudoux utilise le récit horrible d'un double meurtre en brouillant les données spatio-temporelles.

C'est alors à une réflexion sur le destin et sur le poids de la fatalité qu'il invite le spectateur.

PLAN DÉTAILLÉ

I/UN RÉCIT PARADOXAL ENTRE LE PRÉSENT ET LE PASSÉ

1 Un présent passé

– Les premières paroles rapportent des faits qui viennent de se produire : « La femme Narsès et les mendiants délièrent Oreste » (l. 1-2). Le Mendiant récapitule.

– Un récit du double meurtre au passé (passé simple et imparfait.), alors que les meurtres sont en train de se faire dans les coulisses. Quand s'achève le récit du mendiant, Égisthe n'est pas tout à fait mort, puisqu'on entend une voix, celle d'Égisthe, surgie « d'au dehors » qui crie « Électre » (l. 37). Le Mendiant s'excuse : « J'ai raconté trop vite. Il me rattrape » (l. 38). Phénomène d'anticipation : la fin est racontée avant qu'elle ne soit réellement advenue. Quelle interprétation donner à ce jeu sur la temporalité ?

– Le récit du mendiant est une parole prophétique d'un Mendiant visionnaire (emploi du futur de certitude : « il ne la touchera jamais plus », l. 4). Le Mendiant se borne à dire ce qui est « déjà » dit, écrit, inscrit dans l'histoire, dans la légende.

– Une réflexion sur les réécritures : le Mendiant est une image de l'auteur qui réécrit une histoire accomplie depuis des siècles. Ici Giraudoux souligne la situation paradoxale de toute réécriture d'une légende antique, le lecteur ou le spectateur connaît d'avance le dénouement : « Voici la fin » déjà connue, comme le montre l'emploi de l'article défini, de cette histoire déjà passée. Il n'est pas dans le pouvoir du dramaturge de la changer (légère ironie de la phrase « il y a pour l'éternité un couple Clytemnestre-Égisthe », l. 34-35).

2 Une action bien présente

– Volonté de donner à voir au spectateur contemporain ce mythe revisité. Le présentatif « Voici » est en rapport avec le vécu immédiat des spectateurs. Le niveau de langue est oral (phrases simples, assez brèves, utilisation du coordonnant « et » en tête de phrase) et actualisé (lexique moderne).

– Suggérer et non représenter : impossibilité de représenter sur scène un crime très violent et sanglant (nous ne sommes pas au cinéma !) ; un impératif : donner à voir les meurtres au public mais aussi à la femme Narsès et à Électre qui entourent le Mendiant. Utilisation de procédés qui vont rendre présente et vivante la scène : multiplicité des conjonctions de coordination : « et », « mais » ; abondance des verbes d'action (parfois répétés comme « saigner » qui mime les coups portés par Oreste) ; effets de rythme : l'anaphore « alors » scande le récit, phrases longues pour marquer la durée du combat « du seul bras… elle s'ouvrit » (l. 22-29) ; allitération en « p » dans « de sa main que l'épée découpait peu à peu » mime les coups d'épée.

– Récit rapide, impression de juxtaposition, d'un enchaînement tragique : on est dans le vif de l'action. Volonté de faire voir ce qui se passe dans les coulisses, la mort pathétique d'une mère.

II/LE CHÂTIMENT D'UNE MÈRE

1 Un récit terrifiant

– Un meurtre particulièrement sauvage, barbare : Clytemnestre comparée à « une bête qu'on saignait » (l. 8). Horreur renforcée avec les répétitions de « bête » et de « saigner ». Clytemnestre devient une victime offerte au bourreau (comme sa fille Iphigénie). La reine est réduite à « une reine morte au bras droit avec colliers et pendentifs » (l. 22-23) ; le corps et les ornements royaux sont mis sur le même plan.

– Un jeu de point de vue qui augmente la tension du passage : d'abord le Mendiant décrit les actions d'Oreste (« il se précipita », « il ne toucha même pas, il n'embrassa même pas », l. 2-3). Puis on passe au point de vue d'Oreste (pour lui, les victimes deviennent des

« assassins »), enfin à celui d'Égisthe : « il entendit crier dans son dos... » (l. 8) : il ne comprend pas ce qui se passe et avec lui, l'auditeur qui suit le récit du Mendiant. Une découverte au ralenti.

– Une ironie cruelle du narrateur qui joue sur l'expression « se tenir debout » (l. 17-18) : polysémie, sens concret et sens moral qui renvoie à la dignité et au courage, dont essaie de faire preuve Clytemnestre, alors qu'elle en a toujours manqué.

2 <u>Le meurtre familial d'une mère indigne</u>

– Un matricide mis en valeur par la répétition et la variation « on la saignait. Son fils la saignait » (l. 10). Clytemnestre appelle sa fille Chrysothémis. Oreste a l'impression de tuer quelqu'un d'autre que sa mère. Mais au lieu d'atténuer l'horreur, cela ne fait que la renforcer. C'est comme si Oreste tuait non seulement une mère qui n'est pas la sienne, mais une mère innocente.

– Un meurtre familial : un règlement de compte terrible. Oreste le fils armé par sa sœur qui attend à l'extérieur.

– Une mort pitoyable : même morte, Clytemnestre reste un poids pour Égisthe, l'empêchant de dégainer (« elle était trop lourde », l. 20 ; « le lacet de sa cuirasse se prit dans une agrafe de Clytemnestre », l. 28-29).

– Une mort pathétique : emploi du présent de vérité générale dans « mais tout est sensible et mortel dans une mère, même indigne » (l. 11-12) et universalisation opérée par l'article indéfini « une » qui redonnent de la dignité à cette mère et font paraître sa mort injuste et pathétique.

III/La mort tragique d'Égisthe

1 <u>Une mort héroïque ?</u>

– Une longue agonie : lenteur qui s'oppose à la précipitation des gestes précédents (Oreste avait d'abord frappé aveuglément, touchant sa mère en premier). Deux moments marqués par l'anaphore : « Alors il lutta » (l. 22), « Alors il ne résista plus » (l. 30). Entre-temps se déroule le jeu sanglant décrit, de façon métonymique, à l'aide des parties du corps d'Égisthe, « du seul bras gauche », « au bras droit »

(l. 22-23), « de sa main », « sa cuirasse », « son bras droit » (l. 26-30). Emploi de verbes concrets et réalistes qui décrivent les sursauts de l'agonie « découpait », « secouait » (l. 28, 30).

– Une mort au combat : longueur de la phrase qui décrit le combat. Le verbe « lutter » est employé à deux reprises (l. 22, 23).

– Un combat inégal et désespéré : ironie du sort, le roi est vaincu par des objets (« l'épée », « l'agrafe » l. 28-29). On ne voit jamais son agresseur. Il semble combattre contre quelque chose qui le dépasse, car Oreste est l'instrument du destin.

2 Un drame intérieur

– Pour Égisthe, le problème n'est pas de mourir mais de « mourir en criminel » (l. 24). Une transformation d'Égisthe a eu lieu alors que « tout de lui était devenu pur et sacré » (l. 24-25), son passé d'assassin le rattrape et va le tuer. Il ne se reconnaît plus dans l'homme qu'il fut, comme le souligne le jeu des antithèses : « assassins, criminel/pur, sacré », « crime, infâme/loyauté et innocence ».

– Un sentiment d'injustice : on le tue au moment où sa générosité et sa grandeur d'âme éclatent.

3 Un héros tragique

– Les efforts pour mourir dignement et laisser de lui une image conforme au héros qu'il est depuis peu, rendent sa fin tragique. Volonté de « mourir seul, pour être couché dans la mort loin de Clytemnestre » (l. 32-34). Mais tout l'en empêche : le lacet de sa cuirasse, puis l'agrafe, l'oiseau qui l'attaque et Oreste lui-même.

– Dernier cri tragique : il appelle Électre, seul être qu'il croit capable de comprendre son évolution et sa nouvelle générosité. Mais c'est précisément Électre qui l'a condamné à mort. Une volonté de modifier la légende mais impossibilité tragique : « Et il y a pour l'éternité un couple Clytemnestre-Électre » (l. 34-35).

4 Commenter une fable, un extrait de conte philosophique ou d'essai

Le texte sur lequel le candidat devra faire un commentaire peut se rattacher à l'objet d'étude « L'argumentation : convaincre, persuader et délibérer », qui concerne les formes de l'argumentation directe et indirecte.

Par ailleurs, le programme propose l'étude de trois genres, l'essai, le conte philosophique et la fable : il s'agit dans le premier cas d'une forme d'argumentation directe, néanmoins souple et libre dans sa forme, dans les deux autres cas, il s'agit de formes d'argumentation indirecte. C'est dire que l'argumentation n'est pas proposée directement au lecteur, mais qu'elle est mise en scène, sous des formes plus ou moins attrayantes, qui implique de la part de l'écrivain un effort de séduction dans la conduite de l'argumentation.

LES NOTIONS CLÉS DE L'ANALYSE

Les formes de l'argumentation

Selon les instructions officielles :

> Il s'agira de réfléchir aux modalités de l'argumentation directe ou indirecte à travers les problèmes que posent les différentes formes de l'essai, de la fable ou du conte philosophique.
>
> BO n° 40 du 2 novembre 2006.

En classe de première, l'élève doit s'attacher à analyser trois formes d'argumentation : convaincre, persuader et délibérer.

Que signifie « convaincre » ?

Pour emporter l'adhésion d'un destinataire, le locuteur a recours à l'art de la rhétorique, l'art de bien dire dans le but d'agir sur autrui par la parole, de lui faire adopter une opinion. Pour le convaincre, il devra

« développer une démarche intellectuelle pour faire triompher les valeurs qu'il défend et obtenir que son interlocuteur accepte ses raisons, les partage, les fasse siennes et se déclare alors convaincu[1] ». Dans ce cas, le locuteur recherche une adhésion réfléchie de son destinataire.

Que signifie « persuader » ?

« Celui qui veut persuader cherche à obtenir une adhésion spontanée et affective de son destinataire. [...] La persuasion relève davantage que la conviction de la suggestion, de la séduction, de la tentation ; elle sollicite moins le savoir que le désir ou la crainte. Alors qu'on accepte d'être convaincu par les raisons d'autrui, on est persuadé en fait par des raisons qu'on porte en soi. Aussi le rôle de l'implicite culturel et des sentiments partagés y est-il grand.

Persuader se fait souvent non seulement par une argumentation directe, affichée comme telle, mais aussi par une argumentation indirecte, sous le voile du récit, du dialogue, de l'agrément ou du divertissement[2] ».

Il faut donc toujours tenir compte de l'auditoire pour construire son argumentation.

Que signifie « délibérer » ?

La délibération est entendue comme « la capacité à former son propre jugement après avoir pris en compte et examiné des points de vue divers, voire divergents ou opposés[3] ». En d'autres termes, délibérer c'est peser le pour et le contre pour se construire une opinion fondée, et prendre une décision.

Qu'est-ce qu'une argumentation indirecte ?

Il s'agit d'une argumentation qui ne s'affiche pas directement comme telle, dans la mesure où le lecteur emploie des moyens détournés pour emporter l'adhésion de son destinataire.

---

1. *Français, classes de seconde et de première*, Accompagnement des programmes, CNDP, septembre 2001, p. 41.
2. *Ibid*.
3. *Ibid*., p. 45.

L'apologue, souvent plaisant, et parfois même l'essai offrent des exemples d'argumentation indirecte.

LES GENRES ARGUMENTATIFS LIÉS À L'OBJET D'ÉTUDE

La fable et son histoire

La fable se rattache au genre de l'apologue, qui désigne au départ, en grec ancien, tout simplement un récit, puis il prend le sens de récit à portée moralisatrice. C'est en effet un petit récit accompagné d'une moralité, qui vise à infléchir le comportement du lecteur. La fable a donc pour particularité de comporter à la fois un récit et une leçon.

Le récit est là pour divertir et attirer le lecteur, pour l'amener à la leçon. Ceci sous-entend une démarche argumentative, puisqu'on est dans l'effort pour persuader le destinataire d'adopter une conduite acceptable.

Le récit de la fable permet donc de créer un « art d'agréer », c'est-à-dire un art de plaire, qui tempère la forme contraignante d'un discours directement moralisant. Ainsi, il ne s'agit pas de démontrer par une logique abstraite ce qu'il faut faire ou penser, mais de montrer une image vivante des valeurs du beau, du vrai, du bien. C'est donc une forme d'argumentation indirecte, qui comporte un double statut narratif et démonstratif.

La fable est un genre très ancien, qui se développe dans l'Antiquité. Le Grec Ésope, au VIe siècle avant J.-C., considéré comme le père de la fable, écrit de courts récits en prose accompagnés d'une moralité. L'auteur latin Phèdre, au Ier siècle, propose des fables en vers qui s'inspirent de celles d'Ésope.

Au Moyen Âge, les fables que propose Marie de France (XIIe siècle) se rattachent aussi au genre de l'apologue.

La Fontaine au XVIIe siècle reprend le canevas des fables antiques mais son « imitation n'est pas un esclavage » selon ses propres termes : il innove également à partir de ces formes traditionnelles, associant récit fictif et moralité. La fable, genre mineur, connaît avec lui un grand succès.

Le conte philosophique et ses différentes formes

Le conte philosophique est un conte divertissant, qui comporte une histoire brève et une accumulation de péripéties et parfois du merveilleux.

C'est aussi, comme le dit Voltaire à propos de *Zadig*, « un petit morceau de philosophie allégorique » ; une vérité se cache derrière le récit, et sous une apparence légère, le conteur aborde les sujets les plus ardus : le bonheur de l'homme, l'existence du mal dans le monde, la relativité... Le conte philosophique veut apprendre et faire réfléchir, et se définit par une volonté didactique. La perspective philosophique justifie tous les choix dans l'art du récit, le plaisir de conter obéit au désir d'éclairer les hommes et de diffuser les idées.

Au XVIIIe siècle, le genre du conte se renouvelle avec la traduction des *Mille et une Nuits* par Antoine Galland en 1704. Les écrivains philosophes puisent dans le merveilleux du conte oriental une inspiration pour exprimer les idées des Lumières. Voltaire trouve dans le conte un moyen de parler à l'imagination, à la sensibilité, et de dépayser le lecteur, mais aussi de parler à son intelligence. Les contes ne sont donc pas simplement des divertissements littéraires, mais sont liés à l'activité de combat et à l'écriture pamphlétaire.

L'essai et ces différentes formes

L'essai est un genre aux contours mal définis, et on attribue souvent le terme « essai » aux textes d'idées, à portée argumentative, que l'on ne sait comment nommer exactement et qui n'appartiennent pas strictement au genre du théâtre, du roman ou de la poésie. On peut cependant dégager quelques constantes.

Un essai est un genre non narratif. Le but de l'essai n'est pas de raconter une histoire, imaginaire ou non, mais plutôt de faire réfléchir sur des faits ou des idées. Cependant, l'essai peut comporter une part de récit, pour en tirer une réflexion.

Par ailleurs, l'essai laisse place à la réflexion personnelle de l'auteur, mais il n'est pas seulement le reflet d'une subjectivité. On peut constater en effet que l'essai est une forme du discours : un locuteur y exprime son avis sur de nombreux sujets, y transmet ses souvenirs, l'évolution de sa pensée, ses doutes et ses certitudes. Cependant, le locuteur ne se contente pas de parler de lui : il fait preuve d'une certaine volonté didactique, et ses explications, ses commentaires, les exemples qu'il propose visent à transmettre au lecteur un message.

Enfin, la troisième grande caractéristique de l'essai est l'absence de caractère systématique et définitif : il se construit autour d'une pensée en mouvement, fluctuante, souvent prête à se remettre en question, ce qui contribue à lui donner son caractère parfois décousu, fragmentaire ; c'est le cas dans les *Essais* de Montaigne, le créateur du genre à la fin du XVe siècle. Sa forme inachevée et libre est tout à fait volontaire : il s'agit de montrer une réflexion qui se construit devant le lecteur.

COMMENTER UNE FABLE

SUJET 10 (séries générales)

Objet d'étude : l'argumentation : convaincre, persuader et délibérer.

Éléments traités : travail préparatoire, plan, rédaction partielle du commentaire

TEXTE

Jean de La Fontaine, « Le Singe et le Léopard », *Fables*, livre IX (1692).

Le Singe et le Léopard

Le Singe avec le Léopard
Gagnaient de l'argent à la foire.
Ils affichaient chacun à part.
L'un d'eux disait : « Messieurs, mon mérite et ma gloire
Sont connus en bon lieu. Le Roi m'a voulu voir ;

Et, si je meurs, il veut avoir
Un manchon de ma peau : tant elle est bigarrée,
Pleine de taches, marquetée,
Et vergetée, et mouchetée ! »
La bigarrure plaît. Partant chacun le vit.
Mais ce fut bientôt fait ; bientôt chacun sortit.
Le Singe, de sa part, disait : « Venez, de grâce,
Venez, Messieurs. Je fais cent tours de passe-passe.
Cette diversité dont on vous parle tant,
Mon voisin Léopard l'a sur soi seulement ;
Moi, je l'ai dans l'esprit. Votre serviteur Gille,
Cousin et gendre de Bertrand,
Singe du Pape en son vivant,
Tout fraîchement en cette ville
Arrive en trois bateaux, exprès pour vous parler ;
Car il parle, on l'entend : il sait danser, baller
Faire des tours de toute sorte,
Passer en des cerceaux ; et le tout pour six blancs !
Non, Messieurs, pour un sou ; si vous n'êtes contents,
Nous rendrons à chacun son argent à la porte. »
Le Singe avait raison. Ce n'est pas sur l'habit
Que la diversité me plaît, c'est dans l'esprit :
L'une fournit toujours des choses agréables ;
L'autre, en moins d'un moment, lasse les regardants.
Oh ! que de grands seigneurs, au Léopard semblables,
N'ont que l'habit pour tous talents !

Commentaire

Vous commenterez la fable de La Fontaine.

Pistes d'analyse

Une première lecture et analyse du texte permettent au candidat de dégager des pistes d'analyse qui lui permettent de construire la problématique

Le candidat reconnaît sans difficulté le schéma traditionnel de la fable depuis l'Antiquité, repris par La Fontaine. La construction bipartite de la fable fait apparaître un récit clairement fictionnel, suivi de six vers où le fabuliste énonce la moralité.

La Fontaine prend soin de construire dans un premier temps un récit vif et plaisant, qui met en scène des animaux, qui plus est saltimbanques. La scène est à la foire, et il y a donc une nette volonté de distraire le lecteur. L'habileté dans la conduite du récit bien rythmé, le retournement de situation et les traits d'humour sont là pour plaire, avant d'instruire.

Par ailleurs, pour un lecteur de La Fontaine, cette fable renvoie à la formule du fabuliste « diversité, c'est ma devise », qui évoque la diversité des sources et du style. Cette fable est donc aussi un art poétique, un texte où l'auteur expose sa conception de la poésie.

Formulation de la problématique

Le fabuliste propose donc la mise en scène, dans le cadre de la foire, de deux tentatives pour séduire un auditoire, l'une bonne, l'autre mauvaise. Comment le poète prend-il partie pour l'une des deux, dans une fable qui s'efforce justement de séduire le lecteur par des effets vifs et variés ?

PLAN DÉTAILLÉ

I/UN RÉCIT CONTÉ SELON UN TON BURLESQUE ET VIVANT

1 La mise en scène des deux personnages

Les trois premiers vers mettent en place les deux personnages, en soulignant d'abord ce qui les unit.

Ils sont ensuite fort nettement distingués par le moment où ils interviennent dans la fable.

Transition : Les éléments narratifs sont en fait peu nombreux, et sont là pour introduire le discours des deux personnages. L'action est réduite à peu de chose, et on note alors toute l'importance des paroles des personnages.

2 Leurs discours

Les deux personnages tiennent des discours d'acteurs de foire, assez familiers et qui font une réclame très ostensible pour leur spectacle, même s'ils ont des styles différents.

On remarque que l'émulation entre les deux personnages les conduit à mettre en valeur leurs qualités.

Transition : Quelle leçon nous transmet donc le discours de ces deux personnages, tous deux acteurs, mais sous des formes très diverses ?

II/LA LEÇON TIRÉE PAR LA MISE EN SCÈNE DES DEUX ANIMAUX

1 Dans le récit

On remarque d'emblée que le léopard, même s'il veut vendre son spectacle, parle très brièvement, il est vite à court d'arguments (6 vers). Alors que le singe fait preuve d'une plus grande virtuosité.

Par ailleurs, le singe souligne que son spectacle est vivant, là où celui du léopard est mort.

Enfin, la grosse différence vient du fait que le singe tire sa qualité de l'esprit, et le léopard du poil.

Transition : le récit introduit donc la leçon que va expliciter la moralité.

2 Dans la moralité

La moralité : elle reprend en résumé les différentes étapes de la *fabula*, mais cette fois-ci, le locuteur les prend à son compte.

Le fabuliste souligne à nouveau le parallélisme entre l'habit et l'esprit.

Enfin, La Fontaine souligne le fait que cette leçon est valable pour les courtisans.

Transition : On voit que le narrateur propose une morale qui reprend exactement ce que dit le singe. En effet, La Fontaine se retrouve dans cet animal qui est souvent le porte-parole du poète.

III/Une fable qui se fait art poétique

En effet, La Fontaine donne non seulement une leçon sur les grâces de l'esprit comparées à celle du corps, mais aussi sur l'art de l'écriture.

1 Des poètes au service des puissants

Les animaux sont deux formes de poètes de cour.

Les animaux représentent deux types de comédiens qui s'affrontent à l'époque, les comédiens français et les comédiens italiens.

2 Deux figures de la poésie

La bigarrure du léopard bateleur : les bigarrures étaient beaucoup pratiquées par les orateurs du théâtre de foire au XVIIe siècle.

L'art du singe est une bigarrure intériorisée, moins ostentatoire que celle du léopard, qui n'hésite pas à reprendre l'inspiration de la *commedia dell'arte*. C'est aussi l'image de La Fontaine : le singe est traditionnellement la représentation de l'artiste, car c'est un animal imitateur.

La moralité ne met pas vraiment l'accent sur ce sens-là, mais elle présente un parallèle entre le singe et le narrateur éclairant.

RÉDACTION PARTIELLE (introduction)

La fable, genre pratiqué depuis l'Antiquité, désigne un récit dont on peut tirer une leçon, souvent accompagné d'une moralité. Les fables comportent donc une double dimension : elles distraient par un récit plaisant, et elles instruisent par le biais des leçons que l'on peut tirer du récit et de la moralité. La Fontaine, qui assure le succès du genre au XVIIe siècle, explique dans ses préfaces que son but est toujours de plaire et d'instruire. Le canevas de cette fable extrait du livre IX de ses *Fables* est inspiré d'Ésope, « Le renard et la panthère ». Mais La Fontaine innove en faisant débattre deux saltimbanques : en effet, la scène se déroule à la foire, où les deux animaux font valoir, à propos de leur poil ou de leurs tours de passe-passe, leur « diversité », élément clé du style de La Fontaine, qui dit lui-même « diversité, c'est ma devise », renvoyant à la diversité des sources et du style. Cette fable est donc complexe. De fait, le fabuliste propose la mise en scène, dans le cadre de la foire, de deux tentatives pour séduire un auditoire, l'une bonne, l'autre mauvaise. Comment le poète prend-il partie pour l'une des deux façons de séduire l'auditoire, dans une fable qui s'efforce justement de séduire le lecteur par des effets vifs et variés ? Pour étudier cette fable qui se fait art poétique, nous observerons donc en quoi la fable présente-t-elle un récit dont le ton particulier séduit le lecteur, puis la leçon tirée par la mise en scène des deux animaux, et enfin la dimension particulière de cette fable, qui se fait aussi art poétique.

COMMENTER UN EXTRAIT DE CONTE PHILOSOPHIQUE

SUJET 11 (séries générales)

Objet d'étude : L'argumentation : convaincre, persuader et délibérer.

Éléments traités : travail préparatoire, plan, rédaction partielle.

TEXTE

Voltaire, *Candide,* chapitre 17 (1759).

[Candide est un jeune homme naïf qui a été élevé dans la croyance que « tout est pour le mieux dans le meilleur des mondes » : telle est la leçon que son maître Pangloss lui délivre dans le château où Candide est élevé, en Vestphalie. Chassé du château, le jeune homme découvre le monde et ses horreurs : il apprend ainsi que la leçon de son maître est tout à fait fausse. Une nouvelle fois traqué après de multiples aventures, Candide en compagnie de Cacambo, valet et ami, fuit ses ennemis en se laissant entraîner par le courant d'un fleuve : leur barque dérive au fil de l'eau...]

Ils voguèrent quelques lieues entre des bords tantôt fleuris, tantôt arides, tantôt unis, tantôt escarpés. La rivière s'élargissait toujours ; enfin elle se perdait sous une voûte de rochers épouvantables qui s'élevaient jusqu'au ciel. Les deux voyageurs eurent la hardiesse de s'abandonner aux flots sous cette voûte. Le fleuve, resserré en cet endroit, les porta avec une rapidité et un bruit horribles. Au bout de vingt-quatre heures ils revirent le jour, mais leur canot se fracassa contre les écueils ; il fallut se traîner de rocher en rocher pendant une lieue entière ; enfin ils découvrirent un horizon immense, bordé de montagnes inaccessibles. Le pays était cultivé pour le plaisir comme pour le besoin ; partout l'utile était agréable. Les chemins étaient couverts ou plutôt ornés de voitures d'une forme et d'une matière brillante, portant des hommes et des femmes d'une beauté singulière, traînés rapidement par de gros moutons rouges qui surpassaient en vitesse les plus beaux chevaux d'Andalousie, de Tétuan et de Méquinez.

« Voilà pourtant, dit Candide, un pays qui vaut mieux que la Vestphalie. » Il mit pied à terre avec Cacambo auprès du premier village qu'il rencontra. Quelques enfants du village, couverts de brocarts d'or tout déchirés, jouaient au palet à l'entrée du bourg ; nos deux hommes de l'autre monde s'amusèrent à les regarder : leurs palets étaient d'assez larges pièces rondes, jaunes, rouges, vertes, qui jetaient un éclat singulier. Il prit envie aux voyageurs d'en ramasser quelques-uns ; c'était de l'or, c'était des émeraudes, des rubis, dont le moindre aurait été le plus grand ornement du trône du Mogol. Sans doute, dit Cacambo, ces enfants sont les fils du roi du pays, qui jouent au petit palet. » Le magister du village parut dans ce moment pour les faire rentrer à l'école. « Voilà, dit Candide, le précepteur de la famille royale. »

Les petits gueux quittèrent aussitôt le jeu, en laissant à terre leurs palets, et tout ce qui avait servi à leurs divertissements. Candide les ramasse, court au précepteur, et les lui présente humblement, lui faisant entendre par signes que leurs altesses royales avaient oublié leur or et leurs pierreries. Le magister du village, en souriant, les jeta par terre, regarda un moment la figure de Candide avec beaucoup de surprise, et continua son chemin.

Les voyageurs ne manquèrent pas de ramasser l'or, les rubis, et les émeraudes. « Où sommes-nous ? s'écria Candide. Il faut que les enfants des rois de ce pays soient bien élevés, puisqu'on leur apprend à mépriser l'or et les pierreries. » Cacambo était aussi surpris que Candide.

Commentaire

Vous commenterez cet extrait de *Candide* de Voltaire.

PRÉPARER LE COMMENTAIRE

Pistes d'analyse

Une brève analyse du texte permet à l'élève de dégager des pistes de réflexion qui lui serviront à construire la problématique.

On constate tout d'abord qu'il s'agit d'un récit : il s'agit de distraire le lecteur par les rebondissements de l'action. Les voyageurs se trouvent d'abord dans une situation périlleuse (descente d'un cours d'eau déchaîné, naufrage, difficile abordage) puis découvrent un pays nouveau où ils font des rencontres inattendues.

Par ailleurs, Candide et Cacambo se trouvent transportés dans un univers extraordinaire, aux dimensions fantastiques (le fleuve est terrifiant, il passe sous une voûte de rochers « épouvantable »). Le pays qu'ils découvrent ensuite est d'une richesse extraordinaire et d'une perfection à nulle autre pareille : nous sommes ici dans le conte merveilleux.

On peut en conclure qu'il s'agit d'une utopie, un monde parfait qui doit servir de modèle au nôtre, fort imparfait. Soigneusement séparé du monde réel, cet univers est à l'opposé de la société dominée par l'argent et le pouvoir que Candide a découvert auparavant.

Ce conte merveilleux est donc aussi un conte philosophique.

Formulation de la problématique

Ce texte se présente manifestement comme une utopie, un pays de nulle part, où tout échappe aux lois du monde qu'a appris à connaître Candide. En fait, dans cet univers à l'opposé du monde réel hostile, ne pouvons-nous pas lire, non seulement une fuite dans le merveilleux, mais une nouvelle critique de la société européenne imparfaite ?

PLAN DÉTAILLÉ

I/UN ELDORADO HORS D'ATTEINTE

Voltaire présente un mythe très connu à l'époque, le fabuleux pays de l'Eldorado, à la richesse immense qu'espéraient découvrir les conquistadors. Par ailleurs, cela correspond aussi à un thème devenu classique depuis la traduction des *Mille et une Nuits* par Antoine Galland en 1704. Les écrivains philosophes puisent dans le merveilleux du conte oriental pour distraire le lecteur.

1 Un voyage dangereux

Les personnages accomplissent un trajet marqué par sa longueur, et qui les éloigne peu à peu du monde des hommes.
L'éloignement est accentué par le thème de la grotte traversée sur une barque.
C'est d'ailleurs par le biais du thème de la caverne qu'apparaît le thème du danger, qui souligne encore que le pays est inaccessible.

2 Un voyage initiatique

Les voyageurs vivent donc une épreuve.
Les actions s'enchaînent ensuite très rapidement, au fil des événements éprouvants qui affectent le héros.
Transition : Nous entrons avec les héros dans un univers radicalement séparé du monde des hommes. Le texte s'oriente à cette occasion vers le merveilleux (sous sa forme terrible pour l'instant) préparant la description de l'utopie.

II/UNE UTOPIE

1 Un pays idéal

L'utopie est caractérisée par sa place hors du monde, mais aussi par son aspect idéal.
Elle est aussi caractérisée par le recours au merveilleux. Le superlatif est de règle dans tous les domaines.

2 Des habitants idéaux

Non seulement les habitants sont beaux, mais ils sont de plus bien éduqués.

Ceci est confirmé par l'exemple des enfants, qui ont appris à ne pas faire cas des richesses.

Transition : Cette description, marquée par les superlatifs, montre bien qu'il s'agit d'une utopie. L'Eldorado cherché par les conquistadors est un mythe, dont Voltaire va se servir pour faire passer une leçon.

III/ LA LEÇON DE L'APOLOGUE

Le dessein du conte philosophique est d'instruire en contant une aventure plaisante. Le merveilleux du mythe de l'Eldorado est donc signifiant.

1 La première leçon : la richesse, un bien illusoire

L'attitude des deux voyageurs avec les enfants est à interpréter : eux-mêmes sont prisonniers d'un système où or et pierres précieuses ont une valeur marchande, qui donne accès au pouvoir.

Nous, lecteurs, sommes invités à prendre place au côté du conteur pour prendre une distance face à l'interprétation de Candide et Cacambo.

Transition : L'Eldorado nous donne donc une première leçon au sujet de la valeur que les hommes accordent au métal précieux. Ici, les relations humaines sont plus importantes que l'argent. C'est un point important, car il va conditionner toute l'harmonie de l'Eldorado.

2 Les autres leçons données par l'Eldorado

L'Eldorado est un pays totalement coupé du nôtre. Cela veut-il dire que Voltaire renonce ici à l'entreprise de dénonciation qui a été la sienne dans *Candide* ?

L'Eldorado est une utopie : on perçoit bien par les superlatifs qu'il ne s'agit pas d'un monde réel qui serait à découvrir, mais d'un pays idéal, qui ne peut être situé géographiquement, comme le montre le trajet pour y arriver.

Les qualités de l'Eldorado sont en fait le revers des défauts que Candide a rencontrés au cours de son initiation.

RÉDACTION PARTIELLE (introduction, I, 1 et 2)

Candide est écrit en 1759, et il s'inscrit dans la série des contes philosophiques (*Micromégas*, *Zadig*) qui permettent à Voltaire d'exprimer ses idées. En effet, le conte philosophique est un conte divertissant, qui comporte une histoire brève et une accumulation de péripéties et parfois du merveilleux. C'est aussi, comme le dit Voltaire à propos de *Zadig*, « un petit morceau de philosophie allégorique » ; une vérité se cache derrière le récit, et sous une apparence légère, le conteur aborde les sujets les plus ardus : le bonheur de l'homme, l'existence du mal dans le monde, la relativité... Le conte philosophique veut donc apprendre et faire réfléchir. Dans *Candide*, le héros éponyme très naïf apprend au cours de ses voyages que son maître qui prétend que tout est bien ne connaît rien à la réalité du monde, où souvent les hommes sont méchants. Candide a dû ainsi affronter la guerre, le fanatisme, l'égoïsme, et il se trouve à ce moment-ci en Amérique, avec son fidèle serviteur Cacambo, confrontés à de nouveaux ennemis. Le passage suivant nous présente l'arrivée de Candide et de Cacambo au pays d'Eldorado, après leur dangereux trajet en barque. Ce texte présente manifestement une utopie, un pays de nulle part, où tout échappe aux lois du monde qu'a appris à connaître Candide. Cela signifie-t-il que nous sommes coupés du réel que dénonçait Voltaire dans tout le conte ou plutôt que, dans cette antithèse au monde réel hostile, l'auteur propose une nouvelle critique de celui-ci ? Pour répondre à cette question, nous verrons dans un premier temps comment il s'agit d'un pays nettement coupé du monde réel. Puis nous étudierons la mise en scène de ce pays utopique, pour nous interroger enfin sur la leçon que ce pays donne à Candide, Cacambo et le lecteur.

Voltaire présente ici un mythe très connu à l'époque, le fabuleux pays de l'Eldorado, à la richesse immense qu'espéraient découvrir les conquistadors. Voltaire s'inspire aussi du conte merveilleux, que *Les Mille et une Nuits* traduites par Galland en 1704 ont mis à la mode.

Le narrateur qui prend en charge le récit des aventures de Candide propose tout d'abord au lecteur de contempler le voyage dangereux des deux personnages. Ceux-ci sont entraînés dans une longue navigation, qui les éloigne peu à peu du monde des hommes. L'accumulation initiale (« entre des bords tantôt fleuris, tantôt arides, tantôt unis, tantôt escarpés ») marquée par les antithèses souligne la longueur du trajet effectué. Le jeu des temps le montre aussi : on passe du passé simple, qui souligne le moment initial du voyage, à l'imparfait « s'élargissait », à valeur durative, accompagné par l'adverbe « toujours », puis repris par « enfin elle se perdait ». Les indications spatiales sont redoublées par les indications temporelles : « au bout de vingt-quatre heures ». L'éloignement est accentué par le thème de la grotte traversée au fil du courant, que l'on retrouve dans *Les Mille et une Nuits*, dans l'histoire de Sindbad le marin. Le terme « voûte » est ainsi repris à plusieurs reprises (« une voûte de rochers épouvantables », « sous cette voûte »). C'est d'ailleurs lors de la rencontre avec la caverne qu'apparaît le thème du danger, autre façon de souligner que le pays est inaccessible. Les hyperboles « la rivière s'élargissait toujours », « une voûte de rochers épouvantables qui s'élevaient jusqu'au ciel » renforcent le caractère merveilleux de l'aventure. Le narrateur nous invite à partager l'effroi des personnages. Le champ lexical de l'effrayant est alors omniprésent : les « rochers épouvantables » effraient puisqu'il faut avoir de la « hardiesse » pour les affronter, le courant les porte avec « une rapidité et un bruit horribles », c'est-à-dire qui provoque l'effroi (comme l'indique l'étymologie latine *horribilis*).

Par ailleurs, ce voyage effroyable est aussi une sorte de voyage initiatique, que les voyageurs vivent comme une épreuve : on perçoit la scène par leurs yeux, en focalisation interne, et épouvantés, ils ont la « hardiesse » de tenter l'épreuve. De plus, ils passent du jour à la nuit, puis de nouveau au jour (« au bout de vingt-quatre heures ils revirent le jour »), subissant ainsi une initiation. Ils franchissent une sorte de frontière, et entrent dans un nouveau monde. Les actions s'enchaînent ensuite très rapidement, au fil des épreuves. La succession de verbes au passé simple est très significative : « Leur canot se fracassa [...] il fallut se traîner de rocher en rocher [...] enfin ils découvrirent... » La longue phrase à rebondissement les conduit donc vers de nouvelles perspectives : « un horizon immense », radicalement séparé du monde réel par « des montagnes inaccessibles ».

COMMENTER UN EXTRAIT D'ESSAI

SUJET 12 (séries générales)

Objet d'étude : l'argumentation : convaincre, persuader et délibérer

Éléments traités : plan, rédaction du commentaire.

TEXTE

Michel de Montaigne, « Des cannibales », *Essais*, livre I, chap. 31 (1579).

[Ce chapitre s'appelle « Des cannibales » : c'est le nom que l'on donne aux Indiens du Brésil dont Montaigne va parler ici.]

Or je trouve, pour revenir à mon propos, qu'il n'y a rien de barbare et de sauvage en cette nation, à ce qu'on m'en a rapporté, sinon que chacun appelle barbarie ce qui n'est pas de son usage ; comme de vrai, il semble que nous n'avons autre mire de la vérité et de la raison que l'exemple et idée des opinions et usages du pays où nous sommes. Là est toujours la parfaite religion, la parfaite police, parfait et accompli usage de toutes choses. Ils sont sauvages, de même que nous appelons sauvages les fruits que nature, de soi et de son progrès ordinaire, a produits : là où, à la vérité, ce sont ceux que nous avons altérés par notre artifice et détournés de l'ordre commun, que nous devrions appeler plutôt sauvages. En ceux-là sont vives et vigoureuses les vraies et plus utiles et naturelles vertus et propriétés, lesquelles nous avons abâtardies en ceux-ci, et les avons seulement accommodées au plaisir de notre goût corrompu. Et si pourtant, la saveur même et délicatesse se trouvent à notre goût excellente, à l'envi des nôtres, en divers fruits de ces contrées-là sans culture. Ce n'est pas raison que l'art gagne le point d'honneur sur notre grande et puissante mère Nature. Nous avons tant rechargé la beauté et richesse de ses ouvrages par nos inventions que nous l'avons du tout étouffée. Si est-ce que, partout où sa pureté reluit, elle fait une merveilleuse honte à nos vaines et frivoles entreprises,

Et veniunt ederoe sponte sua melius
Surgit et in solis formosior arbutus antris,
Et volucres nulla dulcius arte canunt[1].

Tous nos efforts ne peuvent seulement arriver à représenter le nid du moindre oiselet, sa contexture, sa beauté et l'utilité de son usage, non pas la tissure de la chétive araignée. Toutes choses, dit Platon, sont produites par la nature ou par la fortune, ou par l'art ; les plus grandes et plus belles, par l'une ou l'autre des deux premières ; les moindres et imparfaites, par la dernière.

Commentaire

Vous ferez un commentaire de cet extrait des *Essais*.

PRÉPARER LE COMMENTAIRE

Notions et questions clés pour l'analyse

Nous sommes dans un chapitre des *Essais* qui est intitulé « Des cannibales » : le chapitre serait donc censé présenter les Indiens comme des êtres barbares. Montaigne va partir de cette constatation (les Européens considèrent les Indiens comme des êtres sauvages et violents), pour montrer que cette opinion n'est pas fondée, qu'elle est uniquement due aux préjugés.

Pour cela, il part de la signification des mots barbares et sauvages, et joue sur leurs sens propres et leurs sens dérivés. « Barbare » signifie alors uniquement étranger, et « sauvage » signifie naturel.

Finalement, le terme sauvage devient positif, et Montaigne en profite pour montrer comment les Indiens sont restés proches de la

1. « Le lierre pousse mieux spontanément, l'arboulier croit plus beau dans les antres solitaires, et les oiseaux chantent plus doucement sans aucun art » (Properce, I, 10, 10).

nature, qui est bien supérieure à nos créations. Il s'appuie pour étayer son raisonnement sur les Anciens, qui ont chanté les vertus de la Nature.

En partant des termes qui permettent aux Européens de critiquer les Indiens, Montaigne construit un éloge de cette nation, en s'appuyant sur leurs rapports à la nature.

Formulation de la problématique

Montaigne va donc observer ce que signifient les termes « sauvage » et « barbarie », pour mettre en valeur notre défaut de jugement et la notion de naturel. Comment Montaigne peut-t-il organiser toute sa réflexion autour de termes qui connotent négativement les Indiens, alors même qu'il veut au bout du compte faire l'éloge des Indiens traités de barbares ?

PLAN

I/QU'EST-CE QU'ÊTRE SAUVAGES ET BARBARES ?

1 Les sens des mots sauvages et barbares appliqués aux Indiens par les Européens

2 Explication de cette façon de désigner les Indiens

3 Le vrai sens du mot sauvage d'après Montaigne : le naturel

4 Les Européens : les véritables sauvages d'après Montaigne

II/ÉLOGE DU NATUREL PAR RAPPORT À CE QUI SE DIT CIVILISÉ

1 L'implication de l'auteur dans la dénonciation

2 Montaigne met en scène un « nous » mais prend une distance face aux Européens

3 La leçon que donnent les cannibales par l'intermédiaire de Montaigne

RÉDACTION

Nous sommes ici au chapitre XXXI des *Essais* de Montaigne. Ce chapitre a été écrit en 1579, au tout début de la rédaction des *Essais*, qui se proposent de nous transmettre les réflexions d'un homme qui fait, dit-il, « l'essai de son jugement » devant le lecteur. Les *Essais* sont donc l'écriture de ces tentatives de réflexion qui lui viennent de ce qu'il peut observer autour de lui. Dans ce chapitre, Montaigne s'attache plus particulièrement aux Indiens du Brésil, que l'on appelle les « Cannibales ». Dans cet extrait, Montaigne va s'attarder sur la barbarie que les Européens attribuent à cette nation, pour s'orienter ensuite sur la relation que les hommes entretiennent avec la nature. Montaigne va donc observer ce que signifient les termes, au départ négatifs, « sauvage » et « barbarie », pour s'interroger sur la forme de notre jugement et la notion de naturel. Comment Montaigne peut-t-il alors organiser toute sa réflexion autour de termes qui connotent négativement les Indiens, alors même qu'il veut au bout du compte faire l'éloge des Indiens « barbares » proches de la nature ? Pour répondre à cette question, nous nous demanderons comment Montaigne définit les termes « barbares » et « sauvages » qui s'appliquent aux Indiens, puis nous verrons comment c'est un moyen de faire l'éloge du naturel, et des nations proches de la nature.

Montaigne s'interroge dans cet extrait sur la signification des termes qui permettent aux Européens de porter des jugements définitifs, et ceci va faire naître la réflexion.

Ces deux mots interviennent dès le tout début du texte, avec l'expression « il n'y a rien de barbare et de sauvage en cette nation » : ils sont donc au départ appliqués aux Indiens. La juxtaposition des deux termes permet de les définir plus précisément, dans le cadre du groupe binaire. « Sauvage », par sa place aux côtés de « barbare », prend le sens suivant : non civilisé, donc violent et rustre. C'est l'opinion que les Européens ont des Indiens : il s'agit d'une parole rapportée. Or Montaigne rejette d'emblée l'opinion ainsi proférée par les Européens par la tournure négative de la phrase, puisqu'il affirme justement qu'« il n'y a rien » de sauvage et de barbare en cette nation.

Montaigne explique dans la suite de la phrase d'où vient cette appellation, dans une phrase sentence, au présent de vérité générale : « Chacun appelle barbarie ce qui n'est pas de son usage. » Le terme barbarie prend alors un autre sens : c'est simplement ce qui est étranger, et c'est le sens originel du terme, tel qu'on le trouvait chez les Grecs. La valeur négative disparaît. Montaigne souligne à cette occasion notre étroitesse d'esprit : « Nous n'avons autre mire de la vérité et de la raison que l'exemple et idée des opinions et usages du pays où nous sommes. » Le passage de l'universel, « la vérité et la raison », au conjoncturel, « les opinions et usages du pays où nous sommes », montre bien, par le balancement de la phrase, l'erreur que commettent les Européens, en prenant un fait de société pour une vérité universelle. L'accumulation qui suit (« Là est toujours la parfaite religion... »), qui retranscrit les pensées des Européens, le souligne.

Enfin, Montaigne, dans un dernier temps, retourne la valeur du mot sauvage : on est parti d'un sens négatif, qui devient neutre au bout de la première phrase, et qui s'avère finalement positif. Montaigne redéfinit en effet le terme en disant : « Ils sont sauvages, de même que nous appelons sauvages les fruits que nature, de soi et de son progrès ordinaire, a produits » : l'origine naturelle de la création des fruits est alors mise en valeur dans un groupe binaire. Le « sauvage », c'est ce qui est naturel, et c'est positif. Montaigne revient donc au sens étymologique de sauvage, qui signifie en latin « qui vient de la forêt, de la nature ».

Lorsque Montaigne revient sur l'acception négative du mot « sauvage », c'est pour l'appliquer aux Européens, dans la phrase suivante : ce sont « ceux que nous avons altérés par notre artifice et détournés de l'ordre commun, que nous devrions appeler plutôt sauvages ». « Sauvage » n'a plus alors le sens de contraire de civilisé, mais il désigne ce qui est contrefait, monstrueux, contre-nature. Les termes qui accompagnent le mot sauvage à cette étape du texte diffèrent donc radicalement de ceux qui l'accompagnaient au-dessus : le groupe binaire « altérés par notre artifice et détournés de l'ordre commun » est antithétique par rapport à « les fruits que nature, de soi et de son progrès ordinaire ».

Ainsi, les différents sens du mot « sauvage » et « barbare » retracent l'opinion de Montaigne sur les Indiens, ainsi que la position des Occidentaux. Les Indiens ont le tort (pour les Européens) et le mérite (pour Montaigne), d'être naturels.

Montaigne propose alors dans son texte une dénonciation de l'artifice de la civilisation, sous la forme d'une dénonciation de ceux qui se donnent pour civilisés, et que Montaigne désigne par « nous ». Ce texte explicatif est donc aussi un texte polémique.

Pour rendre sa dénonciation plus virulente, Montaigne s'implique dans le texte et implique son destinataire. Nous le voyons à la situation d'énonciation. Les marques de l'énonciation sont de trois sortes. On reconnaît d'abord les indices de la personne du locuteur et du destinataire : les pronoms personnels montrent que l'auteur est présent dans le texte directement. Les pronoms personnels de la première personne du singulier sont ainsi fréquents comme dans « je trouve », « on m'en a rapporté », comme ceux de la première personne du pluriel (« nous n'avons », « nous appelons »). Les adjectifs possessifs jouent le même rôle, par exemple avec l'expression « mon propos ». Les indices de la personne montrent aussi que le locuteur parle à quelqu'un de précis, qui est interpellé par le nous comme dans « où nous sommes ». Par ailleurs, les indices d'espace et de temps montrent que le discours s'organise autour de l'ici et du maintenant, à travers le présent d'énonciation, identifiable dans les phrases « je trouve », « il me semble ». Enfin, les marques des jugements et des sentiments du locuteur apparaissent clairement : Montaigne exprime par des modalisateurs (« je trouve », « à la vérité ») ce qu'il pense de son sujet, et il marque son jugement par des termes affectifs ou évaluatifs, comme « abâtardi », « corrompu ».

Montaigne oppose donc un « nous » qui désigne les Européens, aux côtés de qui il se place, à « cette nation ». Cependant, il prend ses distances dans le texte par rapport à cette civilisation à laquelle il appartient, en opposant le « je » au « nous », pour être sensible à la leçon que les cannibales proposent. En effet, la première réflexion de Montaigne, en début d'extrait, portait sur la notion de barbarie. Cette première réflexion le conduit à envisager les relations conflictuelles entre la nature et la civilisation, et à donner une leçon aux Européens.

Quelle est cette leçon ? La civilisation pour Montaigne se définit comme un ajout inutile et corrupteur à la nature. La phrase « ceux [les fruits] que nous avons altérés par notre artifice et détournés de l'ordre commun » ménage ainsi une antithèse entre « artifice » et « ordre commun » qui signifie naturel. Les termes négatifs viennent connoter systématiquement les fruits de la civilisation, « abâtardis ». Or cet abâtardissement s'explique par le fait que nous les avons « accommodés au plaisir de notre goût corrompu ». Montaigne nous conseille donc de retrouver le goût du naturel, qui « se trouve à notre goût excellent ». Les hommes, même corrompus par la civilisation, peuvent reconnaître les qualités du naturel. Montaigne se livre alors à une défense de ces fruits dans les lignes qui suivent : « vives et vigoureuses les vraies et plus utiles et naturelles vertus et propriétés », où les termes positifs sont soulignés par les allitérations en « v », et l'accumulation des termes mélioratifs. On trouve la même valorisation dans « la saveur même et délicatesse se trouve à notre goût excellente, à l'envi des nôtres, en divers fruits de ces contrées-là sans culture », avec le rôle des groupes binaires de termes mélioratifs, qui s'expliquent par les derniers termes de la phrase « sans culture ».

Pour finir, Montaigne va introduire une comparaison systématique entre les produits de la civilisation et ceux de la nature par les formules comparatives « que nous devrions plutôt », ou les comparatifs « plus utiles », « à l'envi des nôtres ». Montaigne dans un dernier temps tire une conséquence de cette comparaison entre produits naturels et produits civilisés : « Ce n'est pas raison que l'art gagne le point d'honneur sur notre grande et puissante mère nature. » Il propose ensuite une illustration de son propos : il oppose les caractéristiques négatives des créations humaines et la nature. Les créations humaines sont aussi caractérisées : « Nous avons tant rechargé [...] par nos inventions que nous l'avons du tout étouffée », « vaines et frivoles entreprises ». Au contraire les œuvres de la nature sont connotées par « la beauté et richesse », « partout où sa pureté reluit, elle fait une merveilleuse honte à... ». L'exemple du nid et de la toile de l'araignée (« sa beauté et l'utilité de son usage ») s'inscrit dans la même ligne. Montaigne évoque deux arguments d'autorité pour étayer son propos, les vers d'un poète latin, et la référence à Platon : on connaît l'importance de la référence à l'Antiquité pour les humanistes. Ces deux auteurs font la comparaison entre la nature et l'art (assimilé à un artifice) pour donner la palme à la première.

Montaigne part donc ici d'une réflexion sur la barbarie, et sur son aspect relatif, pour déboucher sur une seconde réflexion, la prééminence du naturel, qui vient dans un second temps confirmer ce qu'il affirmait : il n'y a rien de barbare chez les Indiens. Cet éloge du naturel se retrouve tout au long des *Essais* : déjà, lors de l'avertissement au lecteur, Montaigne expliquait qu'il aurait aimé « être entre ces nations qu'on dit vivre sous la douce liberté des premières lois de nature ».

5 Commenter un texte autobiographique

Le commentaire d'un texte autobiographique suppose de bien connaître l'objet d'étude « l'autobiographie », propre à la classe de première littéraire. Cet objet d'étude peut toutefois être associé à un autre objet d'étude, comme l'argumentation.

Avant d'appliquer la méthode du commentaire, nous rappellerons les notions propres à l'analyse de toute écriture autobiographique.

LES NOTIONS CLÉS DE L'ANALYSE

Selon les instructions officielles :

> La lecture d'une œuvre autobiographique permettra d'étudier les rapports entre réalité vécue et fiction littéraire, en faisant apparaître les problèmes liés à l'expression de soi.
>
> BO n° 40 du 2 novembre 2006.

Après un bref rappel de la définition du genre de l'autobiographie, nous présenterons quelques problématiques liées à cet objet d'étude.

Le genre de l'autobiographie

L'autobiographie, au sens strict, est un genre littéraire créé par Rousseau dans ses *Confessions* (rédigées de 1764 à 1770). Il s'agit d'un « récit rétrospectif en prose qu'une personne réelle fait de sa propre existence, lorsqu'elle met l'accent sur sa vie individuelle, en particulier sur l'histoire de sa personnalité » : c'est ainsi que Philippe Lejeune définit ce genre dans son célèbre livre *Le Pacte autobiographique* (1975). Ainsi l'auteur, lui-même narrateur de son récit, raconte sa propre vie *a posteriori*, en suivant l'ordre chronologique : il propose un « pacte » au lecteur en lui promettant d'être sincère.

L'auteur, qui est à la fois narrateur et personnage de son récit, s'engage à dire toute la vérité sur soi et sur son passé, racontant aussi bien les souvenirs anodins (Rousseau s'attarde sur les détails de son enfance) que les souvenirs honteux (Rousseau raconte comment il a abandonné ses enfants).

Si l'autobiographie au sens strict naît à la fin du XVIIIe siècle, des formes proches de l'autobiographie existent dès l'Antiquité. Ainsi, les mémoires — où l'auteur raconte sa vie en mettant avant tout l'accent sur l'histoire de son temps – ou les essais — où l'auteur exprime librement sa pensée sur divers sujets, en n'hésitant pas à se raconter à l'occasion — ne sont pas spécifiquement des autobiographies, mais on y reconnaît une dimension autobiographique. L'autofiction, qui désigne une forme libre d'autobiographie où se mêlent récits de faits et gestes réels et récit fictif, est encore une autre forme autobiographique très pratiquée au XXe siècle.

Les fonctions et objectifs de l'autobiographie

L'autobiographie est d'abord une façon pour l'auteur de se montrer « dans toute la vérité de la nature » comme le dit Rousseau dans l'incipit des *Confessions*. Il s'agit donc de mettre son cœur et son passé à nu, pour se faire connaître du lecteur, mais aussi pour apprendre à se connaître soi-même en portant un regard rétrospectif sur soi.

De ce fait, l'auteur a souvent l'ambition de servir de modèle au lecteur par ce portrait exigeant de lui-même.

Ce premier objectif a pour corollaire la volonté de se justifier et d'obtenir par la confession auprès du lecteur le pardon de ses fautes. L'auteur dans l'autobiographie moderne, et Rousseau le premier, désire expliquer sa personnalité pour faire comprendre ses erreurs et montrer qu'il n'est pas l'être malfaisant que décrivent ses ennemis.

Enfin, s'il s'agit pour l'auteur de se défendre, l'autobiographie est aussi une façon d'attaquer la société où vit le protagoniste. C'est le cas des *Confessions* de Rousseau, où le philosophe dénonce une société injuste qui corrompt l'homme, bon au départ. L'autobiographie comporte ici une dimension argumentative, puisqu'il s'agit de défendre un point de vue.

Les principales problématiques

Le rapport entre réalité vécue et fiction littéraire

L'autobiographie pose de façon aiguë le problème de la sincérité de l'auteur. En effet, l'auteur-narrateur propose un pacte au lecteur : il s'engage à dire toute la vérité. Mais est-il possible de rendre, comme le souhaite Rousseau, son être totalement transparent ? L'auteur, pris entre le désir de se confesser et de se justifier, en arrive parfois à dissimuler une vérité gênante, ou à l'arranger pour mieux servir son plaidoyer.

Par ailleurs, pour se raconter, l'auteur a souvent recours à des modèles d'écriture littéraire. Ainsi Rousseau s'inspire du roman picaresque, où un jeune homme modeste doit faire son chemin dans une société hostile. N'a-t-il pas tendance alors à transformer le récit de la réalité vécue en une fiction littéraire ?

Le problème de la connaissance de soi

L'auteur affirme que son autobiographie lui permet de se faire connaître parfaitement du lecteur : cela suppose que sa démarche autobiographique lui permet d'avoir une connaissance parfaite de lui-même. Or, au fur et à mesure que se construit le projet autobiographique, la difficulté de l'entreprise se fait jour : comment ressaisir le moi de l'enfant que l'on a été, comment expliquer la complexité d'un caractère et d'une personnalité ?

Le problème de l'écriture

Enfin, l'auteur lorsqu'il entreprend son autobiographie doit adopter une écriture spécifique qui permet de saisir à la fois le moment « où l'événement [...] est arrivé et [le] moment où [il] l'a décrit » (Rousseau, *Les Confessions*). L'écriture autobiographique mêle donc tout à la fois le récit des événements, des sentiments passés, et les réflexions de l'auteur au moment de la rédaction de son ouvrage. Il est donc essentiel de saisir le caractère rétrospectif de cette écriture qui relit le passé à la lumière du présent.

SUJET 13 (série littéraire)

Objet d'étude : l'autobiographie

Éléments traités : pistes d'analyse, plan détaillé, rédaction partielle.

TEXTE

Jean-Jacques Rousseau, « Le vol du ruban », *Les Confessions*, Livre second (1765-1770).

[Rousseau raconte ici un épisode de sa vie alors qu'il a seize ans et qu'il est employé comme laquais chez Madame de Vercellis.]

Il est bien difficile que la dissolution d'un ménage n'entraîne un peu de confusion dans la maison[1], et qu'il ne s'égare bien des choses. Cependant, telle était la fidélité des domestiques et la vigilance de M. et Mme Lorenzy[2], que rien ne se trouva de manque sur l'inventaire. La seule Mlle Pontal[3] perdit un petit ruban couleur de rose et argent, déjà vieux. Beaucoup d'autres meilleures choses étaient à ma portée ; ce ruban seul me tenta, je le volai, et comme je ne le cachais guère on me le trouva bientôt. On voulut savoir où je l'avais pris. Je me trouble, je balbutie, et enfin je dis, en rougissant, que c'est Marion qui me l'a donné. Marion était une jeune Mauriennoise[4] dont Mme de Vercellis avait fait sa cuisinière, quand, cessant de donner à manger, elle avait renvoyé la sienne, ayant plus de besoin de bons bouillons que de ragoûts fins. Non seulement Marion était jolie, mais elle avait une fraîcheur de coloris qu'on ne trouve que dans les montagnes, et surtout un air de modestie et de douceur qui faisait qu'on ne pouvait la voir sans

1. Mme de Vercellis, chez qui Rousseau est employé comme laquais vient de mourir.
2. *M. et Mme Lorenzy* : l'intendant de Mme de Vercellis et sa femme.
3. *Mlle Pontal* : femme de chambre.
4. *Mauriennoise* : de la région de Maurienne en Savoie.

l'aimer. D'ailleurs bonne fille, sage, et d'une fidélité à toute épreuve. C'est ce qui surprit quand je la nommai. L'on n'avait guère moins de confiance en moi qu'en elle, et l'on jugea qu'il importait de vérifier lequel était le fripon des deux. On la fit venir ; l'assemblée était nombreuse, le comte de La Roque[1] y était. Elle arrive, on lui montre le ruban, je la charge[2] effrontément ; elle reste interdite, se tait, me jette un regard qui aurait désarmé les démons et auquel mon barbare cœur résiste. Elle nie enfin avec assurance, mais sans emportement, m'apostrophe, m'exhorte à rentrer en moi-même, à ne pas déshonorer une fille innocente qui ne m'a jamais fait de mal ; et moi, avec une impudence infernale, je confirme ma déclaration, et lui soutiens en face qu'elle m'a donné le ruban. La pauvre fille se mit à pleurer, et ne me dit que ces mots : « Ah ! Rousseau, je vous croyais un bon caractère. Vous me rendez bien malheureuse, mais je ne voudrais pas être à votre place. » Voilà tout. Elle continua de se défendre avec autant de simplicité que de fermeté, mais sans se permettre jamais contre moi la moindre invective. Cette modération, comparée à mon ton décidé, lui fit tort. Il ne semblait pas naturel de supposer d'un côté une audace aussi diabolique, et de l'autre une aussi angélique douceur. On ne parut pas se décider absolument, mais les préjugés étaient pour moi. Dans le tracas où l'on était, on ne se donna pas le temps d'approfondir la chose ; et le comte de La Roque, en nous renvoyant tous deux, se contenta de dire que la conscience du coupable vengerait assez l'innocent. Sa prédiction n'a pas été vaine ; elle ne cesse pas un seul jour de s'accomplir.

Commentaire

Vous commenterez l'extrait des *Confessions* de Rousseau.

---

1. *Le comte de La Roque* : neveu de Mme de Vercellis.
2. *Charge* : l'accuse.

Pour préparer le commentaire, nous nous attacherons à reprendre les étapes essentielles préconisées par la méthodologie en séries générales : dégager des pistes de lecture à travers une première analyse du texte, formuler une problématique, construire un plan.

Pistes d'analyse

Il s'agit ici d'un texte clairement autobiographique, dont l'auteur est le créateur même de l'autobiographie moderne. Cette dimension est aisément identifiable : l'auteur et le narrateur ne font qu'un. La première personne est omniprésente, et le récit est au passé. Toutes les caractéristiques du récit autobiographique sont donc présentes.

Il s'agit par ailleurs d'un récit rétrospectif : Rousseau âgé décrit les actions de Jean-Jacques jeune homme. Un narrateur caractérisé par sa distance par rapport aux faits et la sagesse de l'âge contemple donc un jeune homme ému au cœur de l'action. Le texte donne à voir cette double dimension, puisque l'auteur âgé porte des jugements sur les circonstances de l'action que le jeune homme est incapable de formuler sur le moment. Mais par ailleurs Rousseau fait aussi sentir au lecteur toute l'émotion et l'insouciance du jeune homme qui vit l'instant présent : le présent de narration est significatif à cet égard.

Par ailleurs, Rousseau adulte juge le jeune homme égoïste qu'il a été, et condamne par des termes évaluatifs son comportement d'alors.

Enfin, l'auteur porte aussi un jugement sur la société où il était plongé, et qui a rendu possible l'injustice qu'il a commise : il met au jour les mécanismes d'une société qui ne se soucie pas vraiment de dévoiler le coupable, censé être puni par ses problèmes de conscience.

C'est donc un texte complexe, écrit à différents niveaux.

Élaboration de la problématique

Cherchons le problème essentiel que pose le texte, en synthétisant nos remarques préalables.

Ce récit est typique de l'autobiographie car l'auteur qui est aussi le narrateur rapporte un événement passé de sa vie qui a joué un rôle important dans sa jeunesse. On perçoit ses sentiments, ses interrogations, son trouble de jeune homme face à une situation angoissante. Le passé revit sous les yeux du lecteur.

Mais ce moment de trouble est raconté dans un récit très organisé, où le suspens est soigné, où les effets sont habilement ménagés. On perçoit ici la technique d'écriture de Rousseau écrivain, parfaitement maître de ses moyens.

Enfin, cet épisode permet à Rousseau adulte de porter un regard distancié sur le rôle qu'il a tenu à l'époque, de se justifier, de s'expliquer mais aussi de se juger, de se condamner.

Ces remarques préliminaires nous permettent de poser la problématique suivante : comment Rousseau, à travers le récit de cet épisode, nous transmet-il à la fois le sentiment de revivre un moment de trouble et d'angoisse tel qu'il l'a vécu et de prendre une distance pour juger, en tant qu'homme mûr, le héros juvénile qu'il était ?

Pour répondre à cette question, on adoptera le plan suivant.

PLAN DÉTAILLÉ

I/UN RÉCIT VIF ET HABILE POUR RENDRE COMPTE DES FAITS

1 <u>Description des circonstances du vol</u>

Rousseau souligne d'abord comment tout se déroule parfaitement lors de ces circonstances difficiles : rien ne se perd, rien n'est volé.
Puis il passe au cas singulier, la disparition du ruban sans importance, et sa responsabilité.

2 <u>Rousseau accuse Marion</u>

Le récit met en présence Rousseau devant ses juges (« on ») ; le jeune homme accuse alors Marion, convoquée à son tour.
Intervient alors la description de Marion qui insiste sur son charme et sa gentillesse, ce qui rend l'attitude de Rousseau surprenante.

3 <u>Le récit vif et bien mené de la scène d'accusation</u>

La confrontation de l'accusateur (Rousseau) et de l'accusée (Marion) est racontée au présent de narration.

La jeune fille et Jean-Jacques sont présentés par le narrateur, la première comme un ange, le deuxième comme un démon.
Enfin, Rousseau présente la réaction du public.
Transition : le narrateur propose un récit vif où ses émotions d'adolescent pris dans l'action apparaissent très clairement au lecteur. Mais il introduit aussi sa vision d'adulte, qui juge le jeune homme insouciant qu'il a été.

II/LA SCÈNE VUE PAR LE NARRATEUR *A POSTERIORI*

1 L'incohérence de l'attitude du jeune homme
Rousseau souligne son inconséquence et son irréflexion.
Son affection paradoxale pour Marion.
Rousseau avance aussi un début d'explication : il était impressionné par l'assemblée.

2 Une société qui juge sur des apparences trompeuses
Rousseau dénonce une société où l'on juge sur l'apparence et où la modeste vertu est forcément maltraitée.
Il dénonce aussi une société où les puissants, assez indifférents à la justice, traitent de la même manière l'innocent et le coupable.

3 Les remords de Rousseau
Rousseau est donc le seul à pouvoir faire justice, en se dénonçant auprès du lecteur.
Il fait référence aux tourments que lui a infligés sa conscience, punition suprême qui lui a permis de changer.

RÉDACTION PARTIELLE
(introduction, I, paragraphes 1 à 3)

Les Confessions de Jean-Jacques Rousseau ont été écrites de 1766 à 1770 : l'auteur narrateur y raconte sa vie en toute sincérité, et on considère ainsi cet ouvrage comme la première autobiographie au sens moderne du terme. Rousseau en se confessant au lecteur veut se défendre contre les attaques de ses ennemis. Pour cela, il raconte sa vie, et tente d'expliquer, entre autres, les mauvaises actions dont il se sent coupable, sans cacher quoi que ce soit.

Dans cet extrait en particulier, il présente l'une des actions qui l'ont poussé à écrire *Les Confessions*, comme il le dit lui-même : il a accusé une jeune fille, Marion, du vol d'un ruban qu'il avait dérobé. Nous sommes bien ici face à un récit typique des *Confessions*, puisque Rousseau affirme qu'il va tout raconter de son passé sans rien cacher, pour que nous puissions juger ses actions, ici le vol et le mensonge : comment ce récit se propose-t-il donc de faire revivre ce moment vécu par l'adolescent impulsif par le biais du récit de l'adulte conscient et responsable ? De fait, pour nous faire comprendre la situation, il se met à la place de l'adolescent qu'il était à l'époque, revivant ce moment crucial aux côtés du lecteur, tout en portant un regard rétrospectif sur la situation. Pour observer ce phénomène, nous verrons dans un premier temps comment nous avons ici le récit vif et bien mené d'un moment intense tel que l'a vécu le jeune Jean-Jacques, puis nous observerons dans un deuxième temps la façon dont Rousseau, l'auteur des *Confessions*, porte un regard sévère sur les actions du jeune homme qu'il était et sur leurs conséquences.

Le texte est avant tout la description des circonstances du vol du ruban, puis de la confrontation entre les supposés coupables : c'est donc un récit bien mené, qui nous invite à vivre aux côtés du jeune Jean-Jacques l'épisode.

Observons tout d'abord comment le narrateur présente au lecteur les circonstances du vol. Rousseau donne à voir une situation idéale, où rien ne se perd et rien n'est volé, même lors de ces circonstances difficiles. La première phrase décrit en effet au présent de vérité générale la situation habituelle des familles où il y a un décès et où « Il est bien difficile » qu'il n'y ait pas « un peu de confusion » et « qu'il ne s'égare bien des choses. » Ce *crescendo* met l'accent sur les problèmes inévitables qu'entraîne ce genre de situation. Or la deuxième phrase souligne qu'au contraire tout se passe bien dans le cas particulier de la famille où est employé Rousseau. Cette situation singulière est décrite au passé ; la singularité de ce cas est marquée par l'adverbe « cependant », l'expression « telle était la fidélité des domestiques et la vigilance ». L'intensif « telle » et le groupe binaire

« fidélité » et « vigilance » sont à noter. Rousseau ne manque pas d'ailleurs de souligner aussi la fidélité des domestiques, qui contraste avec sa propre attitude. De fait, dans un deuxième temps, le narrateur aborde un cas individuel dans le cadre général de la famille de Madame de Vercellis, la disparition d'un ruban sans importance. L'expression « La seule… » mise en valeur en début de phrase souligne le fait qu'une seule petite chose ait disparu, chose d'ailleurs insignifiante comme le montre l'effet d'atténuation des adjectifs « seul », « petit », « vieux ». Enfin Rousseau, à la fin de ce premier temps du récit, communique de façon directe et brutale la cause de la disparition du ruban : « Beaucoup d'autres meilleures choses étaient à ma portée ; ce ruban seul me tenta, je le volai… » Il propose ici les faits sans les expliquer, par des propositions indépendantes juxtaposées, sans mots de liaison entre elles : la parataxe asyndétique contribue ainsi à étonner le lecteur qui ne s'attendait guère à cette première chute. Le voleur est bien le narrateur, qui dit « je » dans l'autobiographie, mais le narrateur jeune homme, dont les actions nous sont communiquées sans explication.

Le récit, à partir de ce moment, suit l'itinéraire du jeune voleur, qui se trouve précipité dans une suite d'événements qui semblent le dépasser. Le récit met en effet en présence trois instances : le « on », qui désigne les maîtres de Jean-Jacques, les accusateurs du jeune homme : « On voulut savoir où je l'avais pris. » L'émotion du jeune homme est ici clairement perceptible : le « je » est celui de l'adolescent qui se trouble, comme le montre le groupe ternaire « je me trouble, je balbutie, et enfin que je dis ». Le présent de narration donne l'impression que la scène se déroule devant le lecteur et on comprend le mécanisme qui conduit Jean-Jacques à tenter de trouver une échappatoire : pour sortir de la confrontation avec ses maîtres, il introduit une troisième personne : Marion. Intervient alors une description de Marion, qui rend incompréhensible l'accusation mensongère de Rousseau. En effet, elle est jeune, jolie et honnête comme on le voit dans la phrase : « Non seulement Marion était jolie, mais elle avait une fraîcheur de coloris […], et surtout un air de modestie et de douceur. » Ainsi, on voit par les yeux du jeune homme, et « on ne pouvait la voir sans l'aimer. ». Le vocabulaire de l'honnêteté (« bonne fille, sage, et d'une fidélité à toute épreuve », groupe ternaire avec *crescendo*) vient compléter ce portrait. Il s'agit ici d'une précision sur Marion qui interrompt le récit sans l'expliquer. Le lecteur n'en est que plus surpris, comme l'assemblée, de l'accusation du jeune homme : « C'est ce qui surprit quand je la nommai. » Le narrateur suscite ici volontairement l'étonnement.

Après cette pause dans le discours narratif, le récit reprend, cette fois-ci sur un rythme beaucoup plus rapide. Le narrateur nous présente la confrontation de l'accusateur et de l'accusée de façon rigoureuse, en faisant alterner le « je », le « elle » et le « on » par la proposition « on la fit venir », et la parataxe asyndétique : « Elle arrive, on lui montre le ruban, je la charge effrontément. » S'ensuit la mise en scène de l'attitude de la jeune fille, de façon très précise, au présent de narration qui réactualise la scène. Celle-ci essaie de convaincre Jean-Jacques, et son discours est transcrit au style indirect (« Elle nie... m'apostrophe..., m'exhorte »), par le biais des paroles rapportées (« fille innocente »), puis par le style direct « Ah Rousseau... ». Elle est présentée comme innocente et généreuse : elle « se tait, me jette un regard qui aurait désarmé les démons [...] avec assurance mais sans emportement ». Au contraire, Jean-Jacques est caractérisé par le vocabulaire de la violence et de l'injustice, dans des expressions telles que « je la charge effrontément », « impudence infernale », « lui soutiens en face ». Le jeu des antithèses entre l'« audace aussi diabolique » de l'un et l'« angélique douceur » de l'autre contribue à mettre en scène une confrontation forte en émotions. Le narrateur conclut enfin cette deuxième phase de son récit par la réaction du public, qui est marquée par l'incertitude : « on ne parut pas se décider absolument », « on ne se donna pas la peine d'approfondir la chose ».

6 Commenter une réécriture

Le commentaire d'une réécriture s'inscrit principalement dans le cadre de cet objet d'étude, spécifique aux premières de la série littéraire. Cet objet d'étude peut toutefois être associé à un autre objet d'étude.

Avant d'appliquer la méthode du commentaire, nous rappellerons les notions spécifiques à l'analyse des réécritures.

LES NOTIONS CLÉS DE L'ANALYSE

Selon les instructions officielles :

> On étudiera et on pratiquera les formes de réécriture par amplification, par réduction et par transposition, en montrant comment elles peuvent s'adapter à des situations, des destinataires et des buts différents
>
> BO n° 40 du 2 novembre 2006.

Pour commente r des réécritures, il est important que l'élève identifie la forme de réécriture utilisée par l'auteur du texte réécrit et le projet qui l'a guidé. Il pourra alors situer le texte réécrit par rapport au texte référent et identifier les adaptations auxquelles l'auteur a procédé.

Quelles sont les différentes formes de réécritures ?

Les instructions officielles évoquent trois formes de réécritures : l'amplification, la réduction et la transposition.

• La *transposition* peut être associée à l'amplification (l'adaptation d'une nouvelle pour un scénario destiné à un long-métrage de cinéma par exemple) ou à la réduction (le résumé d'une pièce de théâtre, qui transforme un texte dramatique en un texte narratif plus court). Si l'amplification ou la réduction font partie des démarches de réécritures possibles, les textes généralement courts que l'on propose pour le commentaire ne permettent généralement pas de les étudier. Le procédé de la transposition, les changements de genre, de registre et de style qu'il peut induire, en liaison avec le projet de l'auteur de la réécriture, peuvent par contre être mis en évidence, par la confrontation des différents extraits d'œuvres que peut présenter un sujet destiné à l'examen, et ces éléments pourront être réinvestis avec profit dans le commentaire.

• L'*imitation* pourrait venir s'ajouter à ces trois formes : Racine, en écrivant une tragédie intitulée Phèdre, reprend un sujet déjà traité par Euripide, puis par Sénèque, sans changer de genre ni de registre, et il n'opère pas véritablement d'amplification ou de réduction ; l'intrigue cependant subit certains changements, et on peut dire que le dramaturge français a adapté le sujet qu'il avait choisi aux attentes de son public.

Le corpus proposé dans un sujet d'examen portant sur les réécritures peut présenter des textes d'auteurs différents, appartenant à des époques plus ou moins éloignées : l'intérêt du sujet sera alors de montrer l'importance de l'intertextualité dans la création littéraire et d'une approche historique de la littérature. Il peut également s'agir de versions différentes d'un même texte composées par un auteur à quelques années de distance : l'objectif sera alors de mettre en évidence le travail effectué notamment sur le style.

Quel est le projet de l'auteur d'une réécriture ?

La pratique de la réécriture peut se rattacher à des projets très différents.

L'imitation, la reprise d'un genre et de ses règles établies a longtemps été une tradition, en liaison avec le respect dû aux modèles proposés par les Anciens ou par d'illustres prédécesseurs : La Fontaine s'inspire fréquemment des fabulistes anciens, Ésope ou Phèdre ; Molière, pour écrire sa comédie *Amphitryon*, s'inspire d'une pièce de Plaute, un dramaturge latin.

• Mais la reprise d'un genre ancien suppose aussi une adaptation de ce genre aux attentes du public contemporain, et elle peut servir des buts nouveaux : dans les années 1930-1940, des auteurs tels que Jean-Paul Sartre ou Jean Giraudoux ont ainsi repris les mythes dont s'inspiraient les dramaturges de l'Antiquité, et quelquefois les schémas de leurs pièces, pour composer des œuvres en rapport avec les problèmes politiques de l'entre-deux-guerres.

Pour le commentaire, il importera de bien cerner ces objectifs et d'examiner les choix d'écriture qui ont été opérés, afin de bien évaluer ce qui fait l'originalité d'un texte.

On peut distinguer également le pastiche et la parodie.

• Le *pastiche* obéit à des intentions un peu différentes : il s'agit d'un texte dans lequel un auteur imite le style d'un autre auteur ; Marcel Proust a ainsi pastiché le style de Gustave Flaubert. Le pastiche est un hommage rendu à l'auteur imité, mais c'est aussi un exercice d'écriture, et parfois aussi un jeu littéraire.

• La *parodie* montre que la réécriture n'est cependant pas toujours respectueuse. La parodie est ainsi une pratique très ancienne, qui a pour principe l'imitation burlesque d'une œuvre sérieuse : ce changement de registre peut avoir pour objectif la remise en cause du modèle, mais la parodie peut aussi, dans certains cas, constituer une forme d'hommage détourné. L'étude d'un texte parodique devra impérativement prendre en compte les caractéristiques du texte de référence, pour bien repérer quels sont les principes qui guident l'écriture de la parodie, comme par exemple l'amplification de certains traits jusqu'à l'exagération ou le mélange des registres.

La réécriture d'un texte peut par ailleurs exploiter des procédés divers :

– la réduction du texte ou la suppression de certains mots ;

– des changements opérés au niveau de la syntaxe, du lexique, du mode de narration ; le développement visant à expliquer un terme ou un passage du texte original ;

– le déplacement de mots ou de phrases, le collage, par lequel un auteur insère dans son texte des fragments de textes préexistants.

Ces différents procédés ont été exploités par les surréalistes ou par les auteurs appartenant au groupe de l'Oulipo, fondé par Raymond Queneau.

COMMENTER LA RÉÉCRITURE D'UN POÈME ÉPIQUE

SUJET 14 (série littéraire)

Objets d'étude : les réécritures – la poésie

Éléments traités : présentation de la méthodologie, plan détaillé

TEXTES

Nous présentons comme exemple un corpus de textes représentatifs de la poésie épique.

A – Homère, *Iliade* (env. VIIIe siècle av. J.-C.), chant XX, traduction de P. Mazon, © Éditions Les Belles Lettres, 1937.

B – *La Chanson de Roland* (XIe siècle), laisses 87, 88 et 93, traduction de P. Jonin, © Éditions Gallimard, 1979.

C – Victor Hugo, *Le Mariage de Roland* (1859), vers 111 à 144, « Les Petites Épopées », première série de *La Légende des siècles*.

Texte A

Homère, *Iliade* (env. VIIIe siècle av. J.-C.), chant XX, Les Belles Lettres.

[L'Iliade évoque une guerre opposant les Grecs et les Troyens. Ce passage présente une succession de combats singuliers, où se manifeste l'impétuosité d'Achille, le plus valeureux guerrier de l'armée grecque.]

Puis c'est Trôs, le fils d'Alastor, qui vient tomber à ses genoux dans l'espoir que, faisant de lui son prisonnier, il l'épargnera, et, au lieu de le tuer, lui quittera[1] la vie, par pitié pour un frère d'âge. Pauvre sot ! il ne sait pas qu'il ne sera pas écouté. Il ne s'agit pas ici d'un homme doux et facile,

1. *Quittera* : épargnera.

mais d'un furieux. Trôs, de ses mains, lui touche les genoux ; il le veut à tout prix supplier. L'autre le frappe de son épée au foie. Le foie jaillit hors du corps ; un sang noir en découle, qui remplit son giron ; l'ombre couvre ses yeux, le souffle là jamais lui échappe. Achille alors va à Moulios et le frappe de sa lance à l'oreille ; la pointe de bronze ressort aussitôt par l'autre oreille. C'est ensuite Echècle, le fils d'Agénor, qu'il frappe en pleine tête, de son épée à la bonne poignée. L'épée devient toute chaude de sang, et dans les yeux de l'homme entrent en maîtres la mort rouge et l'impérieux destin. C'est ensuite à Deucalion, là où se rejoignent les tendons du coude, qu'il transperce le bras de sa pointe de bronze ; et l'homme reste à l'attendre, le bras lourd, la mort devant les yeux : de son épée Achille lui tranche le col et jette ensemble au loin la tête avec le casque ; on voit même la moelle jaillir des vertèbres ; le corps gît là, étendu sur le sol. Il part alors à la poursuite du fils sans reproche de Piréôs, Rhigme, qui est venu de la Thrace au sol fertile. Il l'atteint en plein corps de sa javeline ; le bronze va se planter dans le ventre, et l'homme croule de son char. Son écuyer Aréithoos fait faire alors demi-tour à son attelage ; mais Achille le pique au dos de sa lance aiguë et le culbute de son char, tandis que ses coursiers s'affolent.

Tel un prodigieux incendie fait rage à travers les vallées profondes d'une montagne desséchée ; la forêt profonde brûle, et le vent, qui la pousse en tous sens, en fait tournoyer la flamme. Tel, en tous sens, bondit Achille, lance au poing, pareil à un dieu, se ruant sur ses victimes. La terre noire est inondée de sang.

Texte B

La Chanson de Roland **(XIe siècle), laisses 87, 88 et 93, © Éditions Gallimard.**

[La Chanson de Roland évoque une bataille qui oppose à Roncevaux,

dans les Pyrénées, les Sarrasins venus d'Espagne à l'arrière-garde de l'armée de l'empereur Charlemagne. Roland, le neveu de Charlemagne, et Olivier, son ami, attendent le début de l'affrontement. Roland a refusé, quelque temps auparavant, de sonner du cor pour demander des renforts.]

87

Roland est téméraire et Olivier réfléchi. L'un comme l'autre ont une merveilleuse bravoure. Une fois à cheval et en armes, jamais la peur de la mort ne leur fera esquiver la bataille. Les deux comtes sont courageux et leurs paroles fières. Les traîtres païens chevauchent pleins de fureur. Olivier remarque : « Roland, voyez leur nombre. Eux sont très près de nous mais Charles est bien trop loin. Vous n'avez pas daigné sonner de votre cor mais, si le roi était là, nous ne subirions pas de perte. Regardez là-haut vers les défilés d'Espagne. Vous pouvez voir : pitoyable est l'arrière-garde ; celui qui en fait partie ne sera jamais d'aucune autre. » Roland lui répond : « N'exagérez pas à ce point ! Maudit soit le cœur qui flanche dans la poitrine ! Nous tiendrons bon sur place. À nous les coups et les mêlées ! »

88

Quand Roland voit qu'on va livrer bataille, il devient plus féroce qu'un lion ou qu'un léopard. Il encourage les Français à grands cris et s'adresse à Olivier : « Seigneur, mon compagnon, mon ami, ne parle plus ainsi. L'empereur qui nous a laissé les Français a trié ces vingt mille hommes en sachant bien qu'il n'y avait pas un seul lâche parmi eux. Pour son seigneur le vassal doit supporter de grandes souffrances, endurer des froids rigoureux et des chaleurs brûlantes, perdre pour lui et son sang et sa chair. Frappe de ta lance et moi de Durandal, ma bonne épée, cadeau du roi. Si je meurs, celui qui l'aura pourra dire […] qu'elle a appartenu à un noble guerrier. » […]

93

Le neveu de Marsile se nomme Aelroth. Le tout premier, il chevauche en tête de l'armée et il lance à nos Français des paroles injurieuses : « Traîtres Français, aujourd'hui vous allez vous mesurer aux nôtres. Il vous a trahis, celui qui devait vous protéger. Il est fou, le roi qui vous a abandonnés aux défilés. Aujourd'hui même, la douce France va perdre sa réputation et Charlemagne son bon droit. » En entendant ces mots, Dieu, quelle souffrance en éprouve Roland ! Il éperonne son cheval et le laisse courir à bride abattue. Le comte s'élance pour frapper le païen de toutes ses forces. Il brise son bouclier, entaille sa cuirasse, ouvre sa poitrine, fracasse ses os et sépare entièrement la colonne vertébrale de son dos. Puis de sa lance, il lui arrache l'âme du corps. Il enfonce profondément le fer, fait chanceler le buste et, d'un grand coup de lance, il l'abat raide mort de son cheval. Il lui partage le cou en deux moitiés, tout en ne manquant pas de lui dire : « Va donc, vaurien ! Charles n'est pas fou et il n'a jamais aimé les traîtres. Il a agi en brave en nous laissant aux défilés. Ce n'est pas aujourd'hui que la douce France perdra sa réputation. Frappez sur eux, Français, nous avons gagné le premier combat ! À nous le bon droit, à ces canailles le tort. »

Texte C

Victor Hugo, extrait du « Mariage de Roland » (1859), *Les Petites Épopées* (première série de la *Légende des siècles*), IV, 2.

[Victor Hugo a imaginé un début paradoxal à l'amitié entre Roland et Olivier : les deux héros s'affrontent ici en combat singulier. L'extrait présente la fin du poème.]

Quatre jours sont passés, et l'île et le rivage
Tremblent sous ce fracas monstrueux et sauvage.
Ils vont, viennent, jamais fuyant, jamais lassés,
Froissent le glaive au glaive et sautent les fossés,
Et passent, au milieu des ronces remuées,

Comme deux tourbillons et comme deux nuées.
Ô chocs affreux ! terreur ! tumulte étincelant !
Mais enfin Olivier saisit au corps Roland,
Qui de son propre sang en combattant s'abreuve,
Et jette d'un revers Durandal dans le fleuve.

– C'est mon tour maintenant, et je vais envoyer
Chercher un autre estoc pour vous, dit Olivier.
Le sabre du géant Sinnagog est à Vienne.
C'est, après Durandal, le seul qui vous convienne.
Mon père le prit alors qu'il le défit.
Acceptez-le.

Roland sourit. — Il me suffit
De ce bâton. — Il dit, et déracine un chêne.

Sire Olivier arrache un orme dans la plaine
Et jette son épée, et Roland, plein d'ennui,
L'attaque. Il n'aimait pas qu'on vînt faire après lui
Les générosités qu'il avait déjà faites.

Plus d'épée en leurs mains, plus de casque à leurs têtes.
Ils luttent maintenant, sourds, effarés, béants,
À grands coups de troncs d'arbre, ainsi que des géants.

Pour la cinquième fois, voici que la nuit tombe,
Tout à coup Olivier, aigle aux yeux de colombe,
S'arrête et dit :

– Roland, nous n'en finirons point.
Tant qu'il nous restera quelque tronçon au poing,
Nous lutterons ainsi que lions et panthères.
Ne vaudrait-il pas mieux que nous devinssions frères ?
Écoute, j'ai ma sœur, la belle Aude au bras blanc,
Épouse-la.

– Pardieu ! je veux bien, dit Roland.
Et maintenant buvons, car l'affaire était chaude. –

C'est ainsi que Roland épousa la belle Aude.

Commentaire

Vous ferez un commentaire de l'extrait du « Mariage de Roland », dans lequel vous étudierez en particulier la façon dont Victor Hugo reprend et adapte les codes du genre épique.

PRÉPARER LE COMMENTAIRE

La préparation au commentaire d'une réécriture reprend la méthodologie définie plus haut pour les séries générales (p. 11), à laquelle vient s'ajouter une étape spécifique : la confrontation du texte réécrit avec le ou les textes référents. Mais ce travail suppose au préalable que l'élève mobilise ses connaissances sur le ou les objets d'étude concernés. Confronté dans le cas présent à un double objet d'étude, il devra sélectionner parmi ses connaissances sur les réécritures et sur la poésie, celles qui vont lui permettre d'identifier les caractéristiques du genre de l'épopée du registre épique.

Sélectionner ses connaissances et poser les questions préliminaires

Quelles sont les caractéristiques de l'épopée ?

L'épopée est un exemple de poésie narrative, destinée à célébrer les exploits d'un ou de plusieurs héros. Elle a pour particularité de mêler la légende à l'histoire, de magnifier le passé glorieux d'une civilisation, et donc de nourrir la mémoire collective en transmettant un certain nombre de valeurs fondatrices. C'est un genre très ancien : dans la littérature occidentale, l'*Iliade* et l'*Odyssée*, deux poèmes attribués à Homère, ont été créés, pense-t-on, au VIIIe siècle avant notre ère. Ces textes étaient destinés à être transmis oralement, comme ce fut également le cas pour la *Chanson de Roland*, une œuvre datant du XIe siècle. L'épopée présente toutes les caractéristiques d'un récit, et associe le discours narratif, descriptif et explicatif du poète et les discours rapportés des différents personnages. Ces discours rapportés permettent d'évoquer le point de vue des personnages, malgré la focalisation zéro.

Quelles sont les caractéristiques du registre épique ?

Le registre épique se caractérise par l'amplification des exploits des héros et de la magnificence du monde qui les entoure. Les procédés employés sont l'hyperbole, les accumulations, les superlatifs. Le récit épique a parfois recours au surnaturel, et il tend à faire des héros les symboles, les représentants par excellence des valeurs d'une société. La dimension poétique de l'épopée est visible en particulier dans l'usage qui est fait des images, des comparaisons, qui valorisent par exemple l'impétuosité du héros en la rapprochant de celle des animaux ou des forces de la nature.

Examiner les textes A et B

Une lecture attentive des textes du corpus est nécessaire pour déterminer de quelle manière l'auteur du texte C (texte à commenter) a procédé au travail de réécriture. L'examen des extraits de l'*Iliade* (texte A) et de la *Chanson de Roland* (texte B) va permettre à l'élève de repérer la présence (ou non) des codes du genre épique.

Les procédés du récit

• *Les indices du discours narratif* : dans l'*Iliade*, on relève le récit d'actions successives, avec quelques interventions du poète-narrateur, dont l'une introduit une critique de la sauvagerie du héros. Dans la *Chanson de Roland* (laisses 87-88), on note l'intégration dans le récit guerrier d'un portrait psychologique des deux héros, et de leurs discours rapportés. En témoigne ce commentaire du narrateur : « Roland est téméraire et Olivier réfléchi. »

• *Le discours des personnages* : dans l'*Iliade*, les supplications de Trôs sont évoquées de façon indirecte. Dans la *Chanson de Roland*, les paroles des personnages sont rapportées au discours direct (laisses 87-88 : discours contrastés de Roland et Olivier ; laisse 93 : insultes de l'adversaire qui dévalorise le roi et la France et qui offense le patriotisme du héros, et réponse vengeresse de Roland).

• *La présence de passages descriptifs* qui permettent aux auditeurs de se représenter les scènes racontées : dans l'*Iliade*, on constate la violence des affrontements guerriers indiquée par la description réaliste des blessures infligées. Dans la *Chanson de Roland* (laisse 93), la description détaillée de la blessure infligée par Roland met en valeur sa force.

La représentation des héros

• *Les procédés de l'amplification épique* : dans l'*Iliade*, l'amplification de la bravoure d'Achille est suggérée par la succession des six combats singuliers ; l'impétuosité d'Achille est soulignée par le recours aux comparaisons : « Achille, pareil à un dieu », image de l'incendie ravageant la forêt. Dans la *Chanson de Roland*, cette valorisation est soulignée par un lexique laudatif (« une merveilleuse bravoure », « Les deux comtes sont courageux et leurs paroles fières ») et par la comparaison avec les fauves, qui valorise la bravoure de Roland de façon hyperbolique.

• *Les valeurs des héros* : dans l'*Iliade*, on relève la valorisation de la bravoure d'Achille, mais aussi la critique de sa fureur meurtrière (« Il ne s'agit pas ici d'un homme doux et facile, mais d'un furieux »). Dans la *Chanson de Roland*, on note l'évocation, à travers le discours du narrateur et des personnages, des valeurs héroïques : bravoure, fierté, endurance, respect envers le roi, importance des armes, et particulièrement de l'épée Durandal, symbole de la valeur de Roland. Le narrateur semble implicitement valoriser la témérité de Roland, dont le discours domine l'échange. Mais la fin du poème montre que cette témérité sera cause de sa mort et de celle d'Olivier, dont la prudence réfléchie sera valorisée a posteriori.

Dégager les constantes

L'élève doit maintenant faire la synthèse des éléments qui caractérisent les codes épiques.

• *Le récit d'actions violentes* : une constante du récit épique. Chacun de ces deux textes est un récit présentant les héros en action ou à travers leurs discours. La violence des affrontements guerriers apparaît comme une des constantes du récit épique.

• *Le héros épique* : Achille et Roland représentent le même type de héros épique, impétueux et endurant, impatient de se battre, et dont la bravoure est valorisée par les procédés de l'amplification épique.

• *Un point de vue personnel* : dans chacun des deux textes, le poète-narrateur laisse transparaître dans le récit son point de vue personnel sur ses personnages et sur leur attitude.

Repérer et analyser les reprises et les adaptations du texte C

Nous avons mis en évidence dans les deux premiers textes les éléments qui caractérisent le genre épique. Dans son commentaire du texte de Victor Hugo, l'élève devra étudier la manière dont ce poète du XIXe siècle reprend ces codes et les adapte à son projet personnel et au public qu'il veut toucher. Il pourra ensuite bâtir un plan et rédiger son commentaire.

PLAN DÉTAILLÉ

I/LA REPRISE DES CODES DU GENRE ÉPIQUE

1 Un poème qui raconte un combat

– Poème qui a clairement une dimension narrative ; on relève des repères temporels et spatiaux, le récit d'actions (verbes d'action, de mouvement, v. 3-4), divisé en étapes clairement marquées (« Mais enfin », v. 8 ; « Ils luttent maintenant », v. 23 ; « Tout à coup », v. 136), ce qui entraîne une tension dramatique.

– Texte qui reprend le thème épique par excellence, celui de l'affrontement guerrier : lexique des armes (« glaive », « estoc », « sabre », « épée », « casque ») et de l'action violente (« froisser », « jeter », « arracher », « attaquer », « lutter »).

– Exploitation des ressources de la rhétorique et du langage poétique pour mieux évoquer ce combat : énumérations (v. 3, 23) ; prédilection pour les anaphores et les rythmes binaires (v. 6, 2), commentaire du narrateur avec impression de stupéfaction renforcée par l'invocation et l'allitération en t (v. 7).

2 La caractérisation des héros

– Les deux héros, Roland et Olivier, sont caractérisés par leur bravoure et leur endurance (« jamais fuyant, jamais lassés », v. 3).

Roland apparaît comme plus particulièrement impétueux et ardent au combat (v. 9) avant que les deux adversaires ne se plongent tous deux dans une lutte acharnée (v. 22-24). Cette caractérisation apparaissait déjà dans la *Chanson de Roland*, et reprend des qualités qui étaient déjà celles des héros d'Homère.

– Les deux héros sont comparés à des forces naturelles (v. 6) et à des fauves (v. 29). Ce procédé, qui valorise les personnages de façon hyperbolique et amplifie leur force et leur énergie, est fréquent dans le genre épique.

– Olivier enfin apparaît comme particulièrement courtois et chevaleresque (v. 11-16 et v. 30-32). Cette qualité, assez peu présente dans l'épopée homérique, est une marque de respect due à la valeur de l'adversaire, et elle est à rattacher au code d'honneur que suivaient les chevaliers chrétiens.

3 La dimension surnaturelle

– La dimension surnaturelle que le poème confère à ce combat est une des possibilités qu'offre le genre épique pour amplifier les exploits des héros. Leur endurance, étonnante après quatre jours de combat, est soulignée (v. 1, 5). Les blessures ne sont évoquées que de façon très allusive (v. 9). Olivier propose à Roland une arme fabuleuse (v. 13) qui rappelle sa propre hérédité héroïque.

– Le poète-narrateur donne à ce duel une dimension surhumaine en le qualifiant de « fracas monstrueux » (v. 2), et par les comparaisons du vers 6.

– Le surnaturel provoque une amplification qui atteint les limites du vraisemblable à partir du vers 17 : la force des deux héros, assimilés à des géants, est alors véritablement fabuleuse.

II/L'ÉPOPÉE MISE À DISTANCE

1 Les excès de l'amplification épique (paragraphe rédigé)

La facilité avec laquelle Roland se procure une nouvelle arme est soulignée dans les vers 15-17, qui sont fragmentés en segments courts (« Acceptez-le »/ « Roland sourit. »/« — Il me suffit »/ «De ce bâton. » « — Il dit, »/« et déracine un chêne ») : le rejet met en valeur le mot « bâton », qui contraste avec le mot « chêne » placé en fin de vers, et la fragmentation des vers disloque les alexandrins en soulignant la simplicité de la réponse de Roland. De plus, l'action est évoquée en un seul hémistiche, ce qui renforce l'aisance du héros. Immédiatement après, Olivier réalise un exploit comparable, évoqué lui aussi très rapidement, en un seul vers.

Cette aisance surnaturelle dépasse largement les possibilités des héros évoqués par les épopées de l'antiquité ou du Moyen Âge, qui, bien que doués d'une force exceptionnelle, ne dépassaient pas les limites des capacités humaines, et elle évoque plutôt les exploits de géants fabuleux, comme l'indique le vers 24, ou le mythe d'Hercule. Ce passage de l'univers épique aux possibilités sans limites du fabuleux a par ailleurs pour conséquence une certaine dévalorisation des héros, « sourds, effarés, béants » (v. 23), montrés comme des géants brutaux luttant avec des armes primitives : cette image s'oppose à la prestance d'Achille « pareil à un dieu » qu'évoque l'*Iliade* d'Homère. La juxtaposition des deux exploits produit même un effet comique, dû à la répétition. L'amplification semble ici excessive, ce qui introduit dans le texte une dimension quelque peu parodique.

2 De l'action au dialogue (suite du plan)

– Présence de passages dialogués ménageant des pauses dans le récit d'action, et qui évoquent un véritable échange entre les adversaires ; ce qui contraste avec le passage de l'Iliade, où Achille reste sourd aux supplications de ses victimes, et avec la laisse 93 de la *Chanson de Roland* où le dialogue est un affrontement haineux et virulent. Le lien entre les deux adversaires est figuré par le jeu des pronoms personnels (v. 11-16 : alternance des références au « je » et au « vous », v. 27-30 : emploi du « nous »).

– Échanges où se manifestent des valeurs « civilisées » : la déférence envers l'adversaire, l'estime mutuelle, le désir de fraternité. On note les termes mis en valeur en début de vers : « Acceptez-le », v. 16 ; « S'arrête », v. 32 ; « Écoute », v. 31 ; « Épouse-la », v. 32 ; le combat doit faire place à l'échange et au dialogue.

– Simplicité et rapidité des réponses de Roland.

3 Un dénouement inattendu

– Récit qui se termine par un dénouement rapide justifiant le titre du poème.

– Retournement de situation préparé par la métaphore paradoxale appliquée à Olivier, « aigle aux yeux de colombe », v. 27 (symboles de la force et de la paix réunies). Rime « panthères/frères » (v. 29-30), qui a la même signification.

– Dimension épique (comparaison, « la belle Aude » (v. 34) avec épithète de nature) associée à une rapidité quelque peu comique : en deux vers, proposition de fraternité et de mariage/accord de Roland formulé en cinq syllabes/commentaire rapide sur l'intensité du combat.

– Poème qui a donné à ses lecteurs les plaisirs d'un récit épique, mais qui se termine sur une valorisation de la paix et de l'échange fraternel.

Achevé d'imprimé par CPI Bussière à Saint-Amand (Cher) – en France.
Dépôt légal : 93192-5/07 – février 2014. N° d'imp. : 2007465.